読むだけ！聴くだけ！

世界一速く英語脳に変わる本

ウィリアム・J・カリー ◎監修
清水建二 ◎著

SOGO HOREI PUBLISHING CO.,LTD.

■はじめに

〈「英語脳」とは何か〉
　最近、「英語脳」という言葉が英語学習の一つのキーワードになっていますが、そもそも「英語脳」とは一体何でしょうか。
　一般に言われる「英語脳」とは、「日本語に訳さないで、そのまま英語で理解できる脳力」のことですが、そもそもそういう意味での「英語脳」を一般の英語学習者が本当に身につけることができるのでしょうか。長期の海外留学でもしない限り、そんな能力を身につけることはできないと否定的に考えるのももっともでしょう。
　確かに、いきなり英語の映画を観たり、英語で討論するといった高度なレベルでの「英語脳」を身につけることは難しいと言わざるを得ませんが、「英語脳」の基礎を身につけることに関して言えば、答えはイエスです。きちんとした基礎からのプロセスを経ることによって、確実に「英語脳」の基礎を築き上げることができるのです。

〈本書の特徴〉
　本書の最大の特長は「秒速パターン練習」と「倍速リスニング」による「世界一速く英語脳に変えるトレーニング法」にあります。
　TOEICテストでかなりの高得点を取っているのに、いざ会話となると英語が口からまったく出てこないという人がたくさんいます。様々な原因が考えられますが、一つにはそのような人たちの多くはいわゆる「中学英語」を軽視する傾向があります。「今さら、中学英語のおさらいなんて」というプライドみたいなものが心底にあって、それが英会話学習の大きな妨げとなっているのです。もう一つは、会話に必要な英文パターンを身につけていない、という点が挙げられ

ます。パターンと言っても、何も複雑なものではなく、せいぜい中学２年生くらいまでに取り上げられる文法の基礎的な知識さえあれば、誰にでもスムーズに頭に入って来る類のものです。「文法」というと、それだけで毛嫌いする人がいますが、単なるパターンの暗記と考えれば、少しは気が楽になるはずです。

　たとえば、This is a pen.（これはペンです）という文は英語学習者でなくても誰でも知っている英文ですが、この中にも This is ～（これは～です）という会話には非常に重要なパターンが含まれています。つまり、相手に妻を紹介するときにはこの単純なパターンを利用して This is my wife, Keiko.（こちらは妻のケイコです）と言えばいいし、レストランで自分が注文したものと違うものが出てきたら This is not my order.（これは私が注文したものではありません）と言えばいいのです。

　このように遠く昔に皆さんの頭の片隅に追いやられた記憶を引き出し、会話に必須の基本パターンを整理しながら、語彙を増やすと同時に様々な場面での反復練習をすることによって、「話すための英語脳」を鍛えていくことができます。

〈本書の構成〉
①「話すための英語脳」

　本書の構成は、まず STEP1 として各レッスンの冒頭・左ページで基本英文を５本示し、右ページで簡潔な解説をした後に STEP2 としてパターン練習に移ります。パターン練習では、左ページの日本語を見て瞬時に英語が口から出てくるまで何度も練習してください。パターンや英文自体は簡単でも、いざ英語に変換しようとすると中々口から出てこないものばかりを取り上げました。会話はよくキャッチボールに喩えられますが、相手から受け取ったボールは時

間をおかずにすぐに投げ返さなくてはいけません。スポーツ同様、英会話上達には反射神経と瞬発力が不可欠です。「話すための英語脳」を鍛えるには、ただただ反復練習あるのみです。そして、最後にSTEP3として各レッスンのまとめの練習です。STEP1とSTEP2で覚えたパターンを含む英文が実際に会話でどのように使われるかを主にリスニングを通して復習します。

② 「聴くための英語脳」

　次は「聴くための英語脳」です。リスニングの力を付けるためには、ひたすら聴くこと以外にはありませんが、初級者には２倍速リスニングが非常に効果的です（本書のCDにはノーマルスピードと２倍速の２種類の音声を収録しました）。「えっ、初級者に２倍速リスニング？！」と疑問に感じる人も多いでしょうが、実は初級者だからこそ速聴が必要なのです。ただし、断っておきますが、テキストを読まずにいきなり２倍速から聴き始めても英語の基礎力がない人にとっては苦痛以外の何物でもありません。あくまで、本書左ページの日本語をある程度、英語に変換できるようになってから２倍速を聴いてください。

　一度覚えた短い英文を繰り返し聴くことによって、「英語→日本語」というプロセスを経ずして、即座に英語のまま理解できるようになるための訓練こそが最も効果的な方法なのです。２倍速なので最初のうちは英文のスピードについていけないかもしれませんが、何度か繰り返しているうちに必ずそのスピードに慣れて自然に「聴くための英語脳」が鍛えられていきます。このように、初歩の段階から速聴を通して英語脳を鍛えておけば、中級・上級レベルでの速聴にも耐えうる英語脳を作り上げて行くことができるのです。

　私たちは赤ちゃんが言語を習得するように時間をかけて基礎から学習すれば「英語脳」を作ることは可能であることがわかっていて

も、実際に赤ちゃんが学習するのと同じ方法を用いたとしたら膨大な時間を費やすことになることもわかっています。だから多くの人たちは「英語脳を作るなんて不可能！！」と端から決めつけているのです。本書はそんな人たちのために「世界一速く英語脳の基礎を作る」をコンセプトに編集しました。本書の効果的な利用法に関しては、後のページをご参照ください。

〈謝辞〉

　最後になりますが、本書を出版するに際し、今回の企画に多大なる関心を示していただき、監修を快諾していただいた我が尊敬する恩師・上智大学元学長のウィリアム・J・カリー神父にこの場を借りて深い感謝の意を表したいと思います。

2010年8月　著者　清水建二

●目次

はじめに……3
本書の使い方……8

LESSON1　be 動詞をマスターする（1）

STEP1……12　　STEP2……14　　STEP3……20

LESSON2　be 動詞をマスターする（2）

STEP1……24　　STEP2……26　　STEP3……32

LESSON3　be 動詞をマスターする（3）

STEP1……36　　STEP2……38　　STEP3……46

LESSON4　be 動詞をマスターする（4）

STEP1……50　　STEP2……52　　STEP3……60

LESSON5　一般動詞をマスターする

STEP1……66　　STEP2……68　　STEP3……80

LESSON6　一般動詞の過去形をマスターする

STEP1……86　　STEP2……88　　STEP3……100

LESSON7　命令文をマスターする

STEP1……106　　STEP2……108　　STEP3……114

LESSON8	be動詞で表現の幅を広める

STEP1……118　　STEP2……120　　STEP3……134

LESSON9	助動詞をマスターする（1）

STEP1……140　　STEP2……142　　STEP3……150

LESSON10	助動詞をマスターする（2）

STEP1……154　　STEP2……156　　STEP3……166

LESSON11	現在完了形をマスターする

STEP1……170　　STEP2……172　　STEP3……178

LESSON12	不定詞をマスターする

STEP1……182　　STEP2……184　　STEP3……190

LESSON13	動名詞をマスターする

STEP1……194　　STEP2……196　　STEP3……202

装丁：折原カズヒロ
カバー・本文イラスト、本文デザイン：土屋和泉
本文組版：横内俊彦
CD制作：株式会社東京録音

■本書の利用法

STEP1　基本事項をマスターする

1．左ページの英文を読み、右ページの解説で基本的な文法事項を確認する。
2．ノーマルスピードのCDで発音を確認し、できる限りネイティブの発音をまねしながら英語で暗唱できるまで何度も音読する。

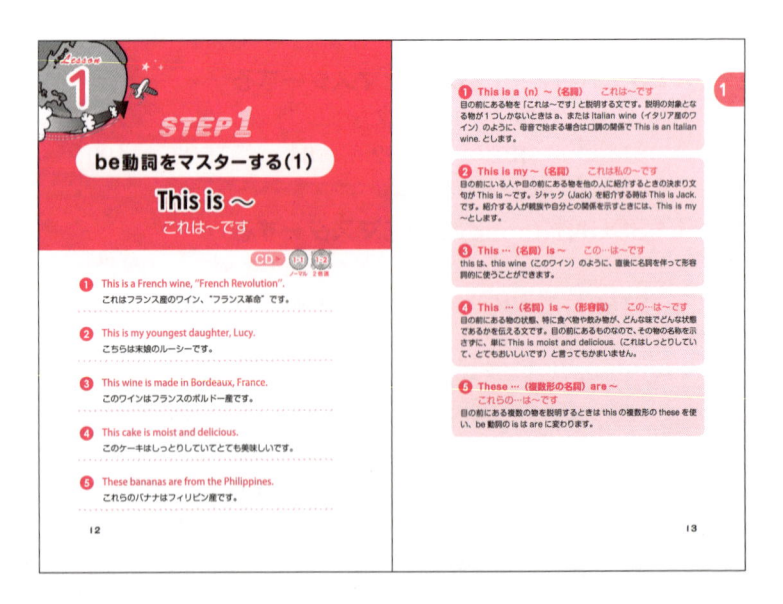

STEP2 秒速パターン練習

3．指示されたパターンを使って、左ページの日本語を英語で言ってみる。
4．自分で言った英語を右ページの英文で確認する。
5．PARTごとにCDを聴いて発音やイントネーションを確認後、再度左ページの日本語を英語で暗唱できるまで音読する。
6．STEP 1とSTEP 2の日本語を瞬時に英語で言えるようになるまで、1〜5までの練習を繰り返す。

STEP3　会話への応用練習

7. 英文を見ずに CD をある程度理解できるまでノーマルスピードで繰り返し聴く。
8. 英文と日本文をそれぞれ見て、聞き取れなかった部分を確認する。STEP3はあくまでリスニング力をつけるためのものであるので、必ずしも暗唱する必要はありません。
9. テキストを一切見ずに、CD を「ノーマルスピード→倍速スピード」の順番通りに聴き、英文の内容をイメージする。基本的にパターンに当てはめた英文で、しかも短文なので、繰り返し聴くことで日本語に変換せずとも比較的容易に英文の内容をイメージ化することができる。

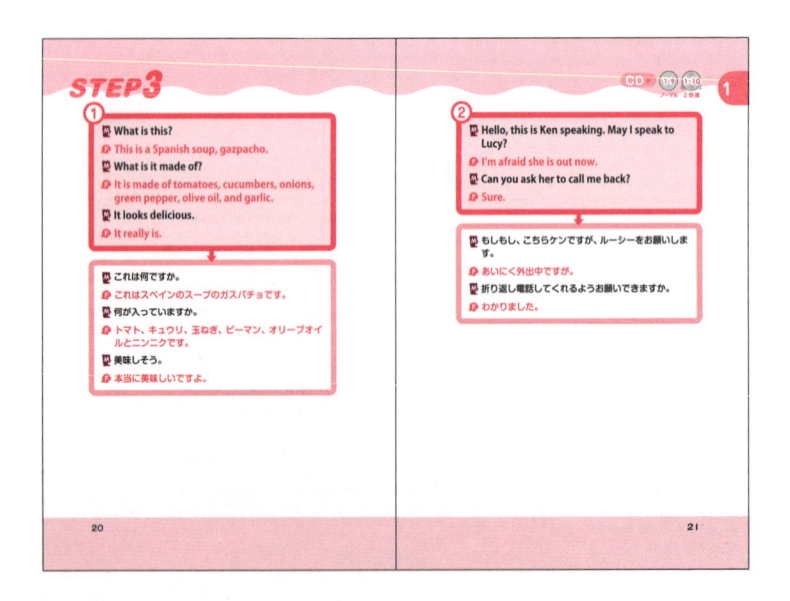

STEP3

1
- What is this?
- This is a Spanish soup, gazpacho.
- What is it made of?
- It is made of tomatoes, cucumbers, onions, green pepper, olive oil, and garlic.
- It looks delicious.
- It really is.

- これは何ですか。
- これはスペインのスープのガスパチョです。
- 何が入っていますか。
- トマト、キュウリ、玉ねぎ、ピーマン、オリーブオイルとニンニクです。
- 美味しそう。
- 本当に美味しいですよ。

2
- Hello, this is Ken speaking. May I speak to Lucy?
- I'm afraid she is out now.
- Can you ask her to call me back?
- Sure.

- もしもし、こちらケンですが、ルーシーをお願いします。
- あいにく外出中ですが。
- 折り返し電話してくれるようお願いできますか。
- わかりました。

■付属 CD（2枚組）について

　本書に掲載したすべての英文の音声を「ノーマルスピード」「2倍速」の順で2枚の CD に収録しています。確認したい音声が CD のどこに収録されているかは、本文の CD マークに記載されている番号でご確認ください。たとえば、下記のとおり、DISC1 の 1 トラック目には LESSON 1 STEP1 の英文5本がノーマルスピード音声で、2トラック目には同英文の2倍速音声が収録されています。

CD ▶ 1-1 1-2
ノーマル　2倍速

Lesson 1

STEP 1

be動詞をマスターする(1)

This is ～
これは～です

1 This is a French wine, "French Revolution".
これはフランス産のワイン、"フランス革命"です。

2 This is my youngest daughter, Lucy.
こちらは末娘のルーシーです。

3 This wine is made in Bordeaux, France.
このワインはフランスのボルドー産です。

4 This cake is moist and delicious.
このケーキはしっとりしていてとても美味しいです。

5 These bananas are from the Philippines.
これらのバナナはフィリピン産です。

❶ This is a (n) ～（名詞）　これは～です
目の前にある物を「これは～です」と説明する文です。説明の対象となる物が1つしかないときは a、または Italian wine（イタリア産のワイン）のように、母音で始まる場合は口調の関係で This is an Italian wine. とします。

❷ This is my ～（名詞）　これは私の～です
目の前にいる人や目の前にある物を他の人に紹介するときの決まり文句が This is ～です。ジャック（Jack）を紹介する時は This is Jack. です。紹介する人が親族や自分との関係を示すときには、This is my ～とします。

❸ This …（名詞）is ～　この…は～です
this は、this wine（このワイン）のように、直後に名詞を伴って形容詞的に使うことができます。

❹ This …（名詞）is ～（形容詞）　この…は～です
目の前にある物の状態、特に食べ物や飲み物が、どんな味でどんな状態であるかを伝える文です。目の前にあるものなので、その物の名称を示さずに、単に This is moist and delicious.（これはしっとりしていて、とてもおいしいです）と言ってもかまいません。

❺ These …（複数形の名詞）are ～
　　これらの…は～です
目の前にある複数の物を説明するときは this の複数形の these を使い、be 動詞の is は are に変わります。

STEP 2 次の日本語を英訳しよう

part 1 This is a… (国名の形容詞) ~ (名詞)
これは…国の~です

1. これはオランダのビール、ハイネケンです。
2. これは韓国のテレビ、サムスンです。
3. これはギリシャの島、ミコノスです。
4. これはフィンランドの携帯電話、ノキアです。
5. これはスイスの腕時計、ロレックスです。

part 2 This is an … (国名の形容詞) ~ (名詞)
これは…国の~です

1. これはアイルランドのビール、ギネスです。
2. これはイタリアのTシャツ、ベネトンです。
3. これはアメリカの車、フォードです。
4. これはオーストラリア映画、『クロコダイルダンディー』です。
5. これはインドの紅茶、ダージリンです。

1. This is a Dutch beer, Heineken.
2. This is a Korean television, Samsung.
3. This is a Greek island, Mikonos.
4. This is a Finnish cell phone, Nokia.
5. This is a Swiss watch, Rolex.

1. This is an Irish beer, Guinness.
2. This is an Italian T-shirt, Benetton.
3. This is an American car, Ford.
4. This is an Australian movie, Crocodile Dundee.
5. This is an Indian tea, Darjeeling.

part 3 This is my … (名詞)
これは私の…です

1. これは私の手作りのケーキです。

2. これは私の大好きな曲です。

3. ここは私の故郷の浅草です。

4. こちらは私の担任の先生の安藤先生です。

5. こちらは私の大好きな歌手の一青窈さんです。

part 4 This … (名詞) is made in 〜
この…は〜(国名)製・産です

1. この家具はドイツ製です。

2. この絨毯はイラン製です。

3. この陶器はオランダ製です。

4. このチョコレートはベルギー産です。

5. このお酒はメキシコ産です。

1. This is my homemade cake.
2. This is my favorite music.
3. This is my hometown, Asakusa.
4. This is my homeroom teacher, Mr. Ando.
5. This is my favorite singer, Hitoto Yo.

1. This furniture is made in Germany.
2. This rug is made in Iran.
3. This pottery is made in Holland.
4. This chocolate is made in Belgium.
5. This liquor is made in Mexico.

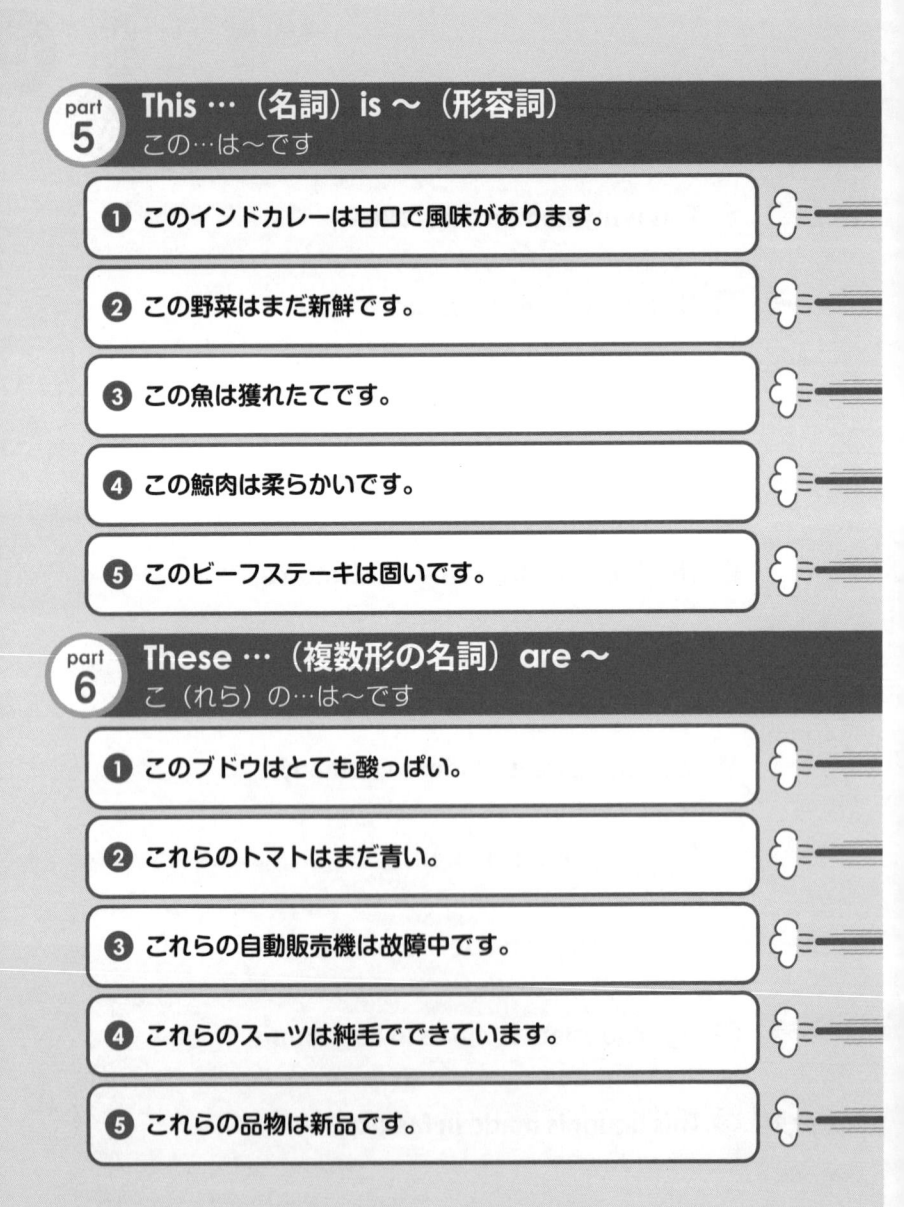

part 5 This … (名詞) is ～ (形容詞)
この…は～です

1. このインドカレーは甘口で風味があります。
2. この野菜はまだ新鮮です。
3. この魚は獲れたてです。
4. この鯨肉は柔らかいです。
5. このビーフステーキは固いです。

part 6 These … (複数形の名詞) are ～
こ(れら)の…は～です

1. このブドウはとても酸っぱい。
2. これらのトマトはまだ青い。
3. これらの自動販売機は故障中です。
4. これらのスーツは純毛でできています。
5. これらの品物は新品です。

1. This Indian curry is mild and tasty.
2. This vegetable is still fresh.
3. This fish is fresh from the sea.
4. This whale meat is tender.
5. This beef steak is tough.

1. These grapes are very sour.
2. These tomatoes are still green.
3. These vending machines are out of order.
4. These suits are made of pure wool.
5. These goods are brand-new.

STEP 3

①

- What is this?
- This is a Spanish soup, gazpacho.
- What is it made of?
- It is made of tomatoes, cucumbers, onions, green pepper, olive oil, and garlic.
- It looks delicious.
- It really is.

- これは何ですか。
- これはスペインのスープのガスパチョです。
- 何が入っていますか。
- トマト、キュウリ、玉ねぎ、ピーマン、オリーブオイルとニンニクです。
- 美味しそう。
- 本当に美味しいですよ。

②

M: Hello, this is Ken speaking. May I speak to Lucy?

F: I'm afraid she is out now.

M: Can you ask her to call me back?

F: Sure.

M: もしもし、こちらケンですが、ルーシーをお願いします。

F: あいにく外出中ですが。

M: 折り返し電話してくれるようお願いできますか。

F: わかりました。

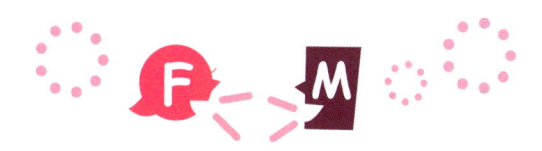

③

M: What make is this beer?

F: It's a Dutch beer, Heineken.

M: Oh, is it? I thought Heineken was a German beer.

F: Heineken is very similar to Japanese beer in taste.

M: このビールはどこ製ですか。

F: それはオランダのビール、ハイネケンです。

M: えっ、そうなんですか。ハイネケンはドイツのビールだと思っていました。

F: ハイネケンは味が日本のビールによく似ています。

④

🇬 **Where are these mangoes from?**
🇲 **These mangoes are from Australia.**
🇬 **How much is this one?**
🇲 **It is fifty cents.**
🇬 **Can you give me a discount if I buy three?**
🇲 **I'm sorry we can't.**

🇯 このマンゴーはどこ産ですか。
🇲 このマンゴーはオーストラリア産です。
🇯 これはいくらですか。
🇲 50セントです。
🇯 3個買ったらまけてくれますか。
🇲 すみませんができません。

Lesson 2

STEP 1

be動詞をマスターする（2）

Is this ～ ?
これは～ですか

❶ That is Mt. Fuji, the highest mountain in Japan.
あれが日本で一番高い富士山です。

❷ "I'm sorry I'm late." "That's all right."
「遅れてすみません」「いいんですよ」

❸ Is this free?
これはただですか。

❹ Is this your son, Taro?
こちらは息子さんの太郎さんですか。

❺ This is not my car but my father's.
これは私の車ではありません、父のです。

❶ That is ～　　あれは～です
目の前ではなく、自分から離れた所にある物や人を指す場合は、this の代わりに that を使い、That is ～（あれは～です）で表します。公共の建築物や海・山脈・川・砂漠などの固有名詞には定冠詞の the がつきます。

❷ That's ～　　それは～です
That is ～の表現は、相手が言ったことやしたことを受けて「それは～です（ね）」という意味で使うこともできます。たとえば、I'm sorry.（ごめんなさい）と言われたら That's all right.（いいんですよ）と応じます。That is は That's と短縮形で表します。

❸ Is this ～?　　これは～ですか
This / That is ～の疑問文は is を文頭に出し、最後に？を付けます。語尾のイントネーションは上げて発音します。たとえば、This is free.（これはただです）の疑問文が Is this free?（これはただですか）です。

❹ Is this your ～?　　これはあなたの～ですか
目の前にいる人や物（離れた所にいる人や物）が相手のものであるかを尋ねる疑問文が Is this / that your ～?（これ／あれはあなたの～ですか）です。this は、物や人を指すだけでなく、「ここは」や「今回は」の意味で使うこともできます。指すものが複数形の場合は、Are these ～（これらは～ですか）？と Are those（あれらは～ですか）？です。

❺ This is not ～　　これは～ではありません
This is ～や That is ～の否定文は is の直後に not を入れるだけで OK です。is not は isn't と短縮形で表すこともできます。

STEP 2 次の日本語を英訳しよう

part 1 That's ～
あれは～です

1. あの人は日本の総理大臣の菅さんです。
2. あれは日本で一番大きい琵琶湖です。
3. あれは都庁です。
4. あれは日本で一番高い塔の東京スカイツリーです。
5. あれは国会議事堂です。

part 2 That's ～
それは～です

1. それは私にはできません。
2. それは的はずれです。
3. それは的を射ています。
4. 今日のところはそれだけです。
5. それは朝飯前です。

1. That's the Prime Minister of Japan, Mr. Kan.
2. That's Lake Biwa, the biggest lake in Japan.
3. That's the Tokyo Metropolitan Government Office.
4. That's the Tokyo Sky Tree, the highest tower in Japan.
5. That's the Diet Building.

1. That's beyond me.
2. That's wide of the mark.
3. That's to the point.
4. That's all for today.
5. That's a piece of cake.

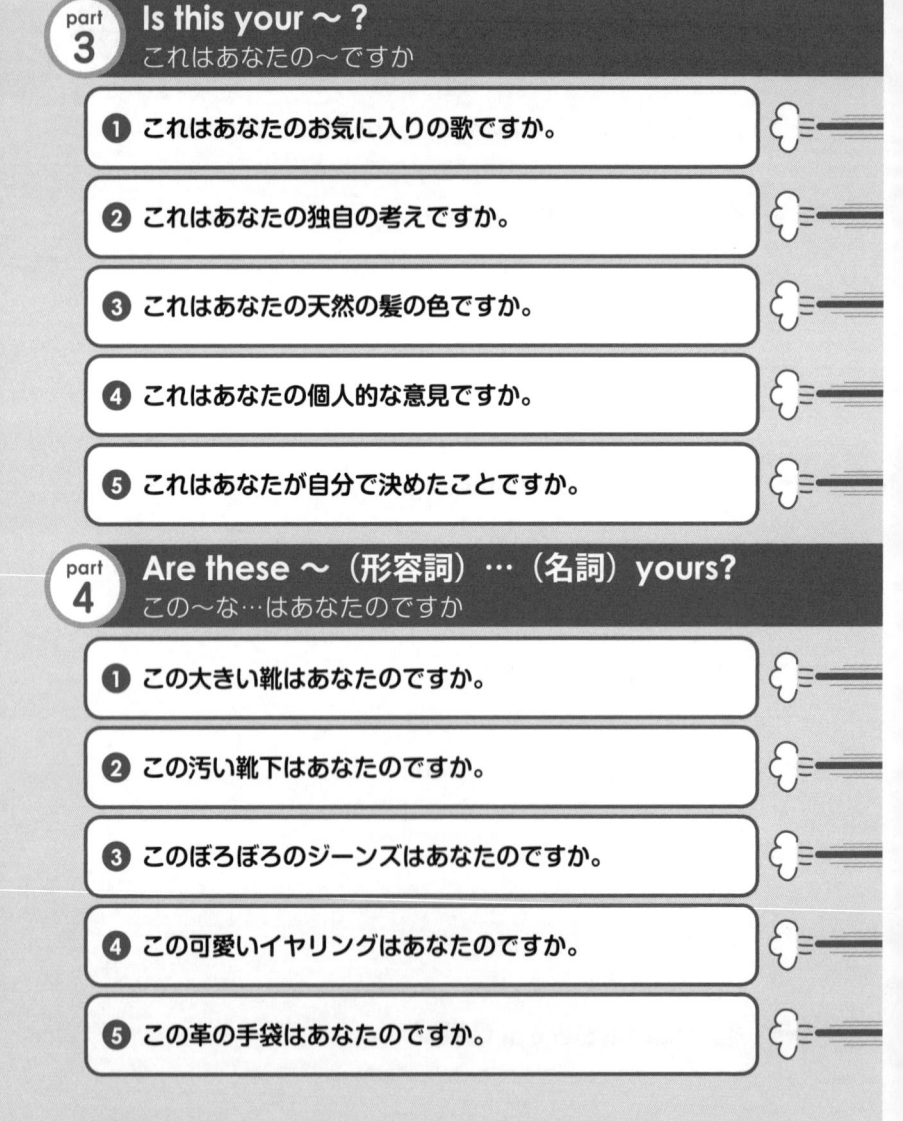

part 3 Is this your ～?
これはあなたの～ですか

1. これはあなたのお気に入りの歌ですか。
2. これはあなたの独自の考えですか。
3. これはあなたの天然の髪の色ですか。
4. これはあなたの個人的な意見ですか。
5. これはあなたが自分で決めたことですか。

part 4 Are these ～（形容詞）…（名詞）yours?
この～な…はあなたのですか

1. この大きい靴はあなたのですか。
2. この汚い靴下はあなたのですか。
3. このぼろぼろのジーンズはあなたのですか。
4. この可愛いイヤリングはあなたのですか。
5. この革の手袋はあなたのですか。

1. Is this your favorite song?
2. Is this your original idea?
3. Is this your natural hair color?
4. Is this your personal opinion?
5. Is this your own decision?

1. Are these big shoes yours?
2. Are these dirty socks yours?
3. Are these worn-out jeans yours?
4. Are these pretty earrings yours?
5. Are these leather gloves yours?

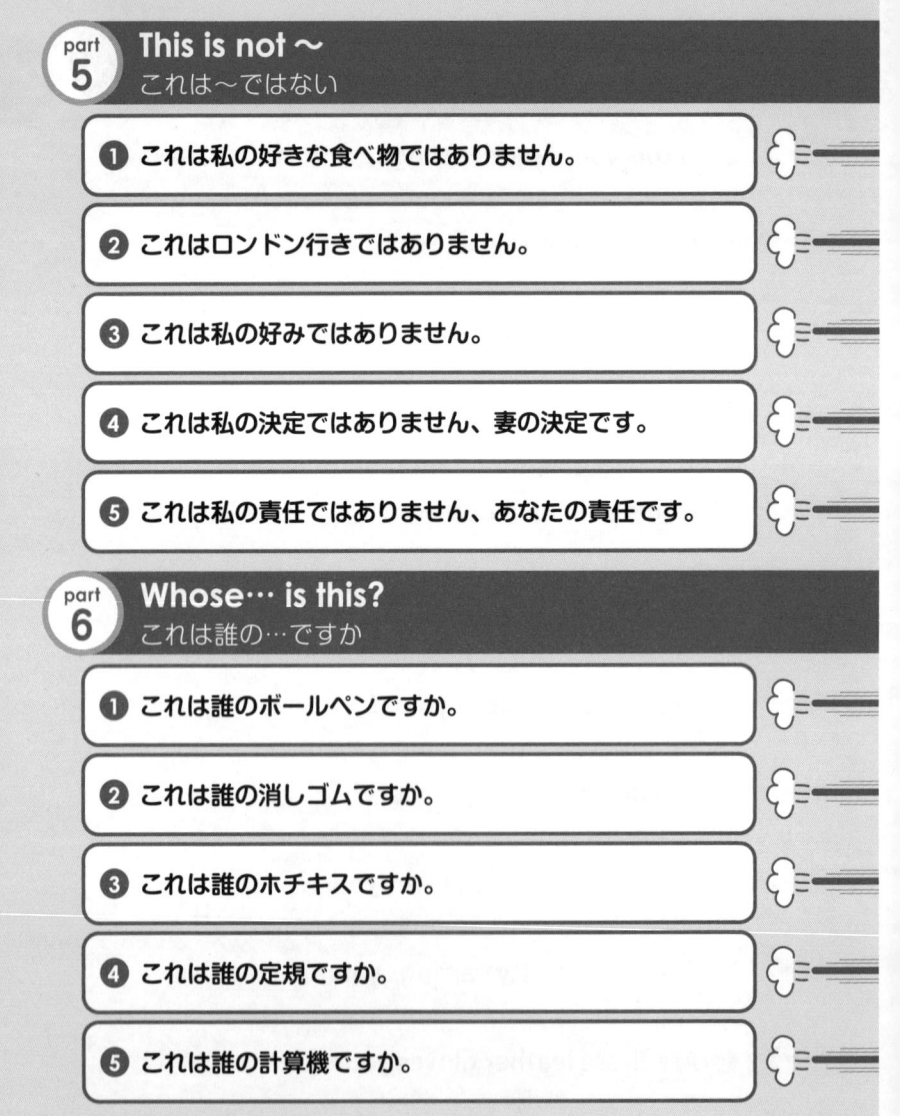

part 5 — This is not ~
これは〜ではない

1. これは私の好きな食べ物ではありません。
2. これはロンドン行きではありません。
3. これは私の好みではありません。
4. これは私の決定ではありません、妻の決定です。
5. これは私の責任ではありません、あなたの責任です。

part 6 — Whose… is this?
これは誰の…ですか

1. これは誰のボールペンですか。
2. これは誰の消しゴムですか。
3. これは誰のホチキスですか。
4. これは誰の定規ですか。
5. これは誰の計算機ですか。

- ① This is not my favorite food.
- ② This is not for London.
- ③ This is not to my taste.
- ④ This is not my decision but my wife's.
- ⑤ This is not my responsibility but yours.

- ① Whose ball-point pen is this?
- ② Whose eraser is this?
- ③ Whose stapler is this?
- ④ Whose ruler is this?
- ⑤ Whose calculator is this?

STEP 3

①

- Is this your favorite song?
- Yeah. I love the songs by Hitoto Yo.
- Is this song famous?
- Yeah. This is the most popular song at Karaoke.

- これはあなたの好きな歌ですか。
- ええ、一青窈さんの歌は大好きです。
- この歌は有名ですか。
- ええ、カラオケで一番人気のある歌です。

②

- Is that the Prime Minister of Japan?
- No, he isn't. He is the President of Korea.
- Who is the current Prime Minister of Japan?
- Mr. Kan is.

- あの人は日本の総理大臣ですか。
- いいえ違います．彼は韓国の大統領です。
- 今の日本の総理大臣は誰ですか。
- 菅さんです。

③

- **Is this train for London?**
- **No. This train isn't for London. It's for Newcastle.**
- **Which platform is for London?**
- **Platform seven.**
- **Thanks.**
- **No problem.**

- この列車はロンドン行きですか。
- いいえ、この列車はロンドンには行きません。ニューキャッスル行きです。
- ロンドン行きはどのホームですか。
- 7番ホームです。
- ありがとう。
- どういたしまして。

4

How about having spaghetti for lunch?
That's a good idea.

↓

お昼にスパゲティーを食べませんか。
それはいい考えですね。

5

What is that high mountain?
That's Mt. Fuji.
How high is that?
It's 3776 meters high.

↓

あの高い山は何ですか。
あれは富士山です。
どれくらいの高さですか。
3776 メートルです．

6

- Whose piano is that?
- That's my daughter's.
- Is she a good pianist?
- Well, I think so.

- あれは誰のピアノですか。
- あれは娘のです。
- 娘さんはピアノが上手ですか。
- そうですね、そう思います。

7

- Whose are these dirty socks?
- They are not mine.

- この汚い靴下はだれのですか。
- 私のではありません。

Lesson 3

STEP 1

be動詞をマスターする(3)

It's 〜
〜です

① It's a waste of time.
時間の無駄です。

② It's not the end of the world.
世界の終わりじゃないです。

③ "How was the weather in Moscow yesterday." "It was snowy."
「昨日のモスクワの天気はどうでしたか」「雪が降っていました」

④ "What is today's date?" "It's September 3rd today."
「今日は何日ですか」「今日は9月3日です」

⑤ "What time is it?" "It's half past six."
「今何時ですか」「今6時半です」

❶ It's 〜　（それは）〜です

代名詞 it は、This is not my coffee. It is yours.（これは私のコーヒーではありません。それはあなたのです）のように、すでに示された物を「それは〜です」と受けるのが基本ですが、漠然とした状態を表す時にも使うことができるとても便利な表現です。It is 〜は会話では、It's と短縮形で表します。

❷ It is not 〜　（それは〜ではありません

It is 〜 . の否定文は This is 〜の時と同じように、is の直後に not を入れるだけでOKです。会話では短縮形にして、It isn't 〜とするか、It's not 〜とします。疑問文は Is it 〜? のように、is を文頭に出し、最後に？を付けるだけです。

❸ It was 〜（天気）　〜でした

it は天気・寒暖・距離を表す時に使うこともできます。is の代わりに was を使えば「〜でした」と過去の意味になります。また、未来の予想「〜でしょう」なら is や was の代わりに will be に変えます。
例 It is rainy today.（今日は雨です）
　　It was rainy today.（今日は雨でした）
　　It will be rainy today.（今日は雨でしょう）

❹ It is …（月）〜（序数）　今日は…月〜日です

日や曜日を表す時も it です。例えば、「今日は月曜日です」なら、It's Monday today. ですが、Today is Monday. としてもかまいません。

❺ It is …past 〜（数字）　今〜時…分です

「何時何分」という時間を表す時も it です。時間を表す表現は、例えば「6時30分」は単に、six thirty と数字を並べる場合と half past six（6時30分過ぎ）という言い方があります。It's six o'clock. は「ちょうど6時です」というニュアンスです。

STEP 2 次の日本語を英訳しよう

part 1 It's 〜
〜です

1. 全てあなた次第です。
2. 世界は狭いです。
3. あなたの番です。
4. 久しぶりです。
5. 私にはちんぷんかんぷんです。

part 2 It's not 〜
〜ではありません

1. もう夢ではありません。
2. あなたのせいではありません。
3. そんなに簡単なことではありません。
4. まだ終わっていません（勝負はこれからです）。
5. 笑い事ではありません。

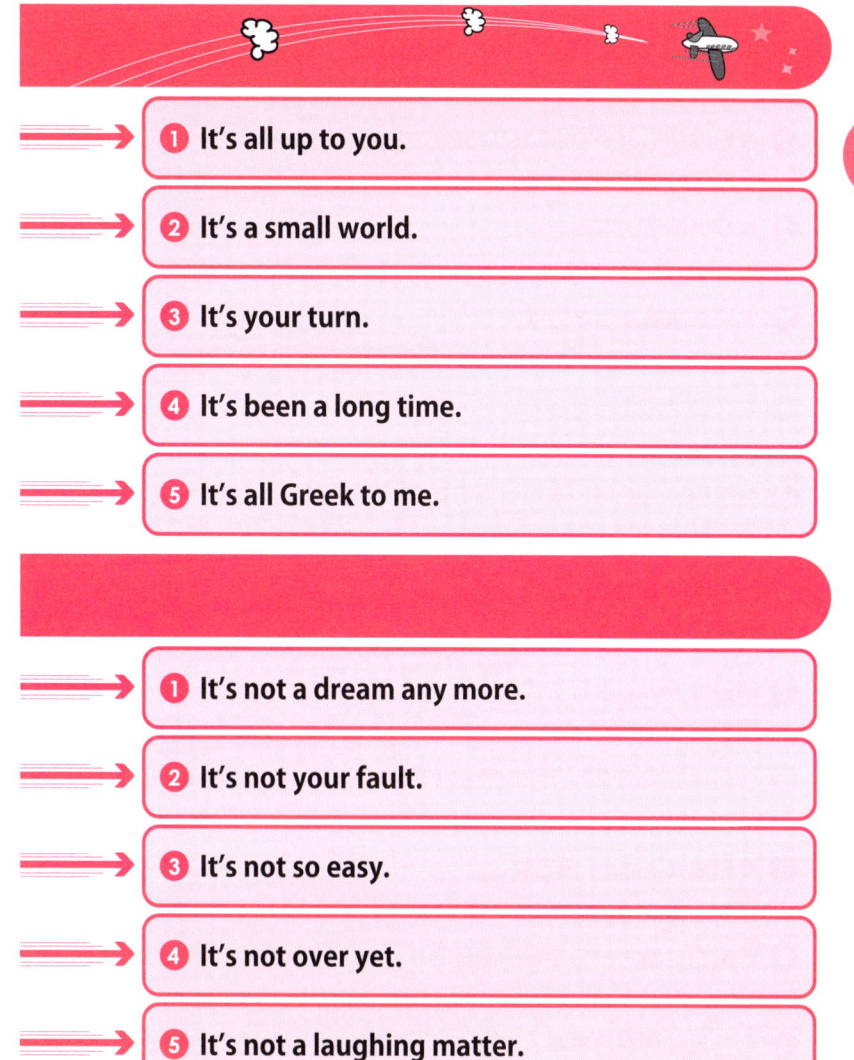

1. It's all up to you.
2. It's a small world.
3. It's your turn.
4. It's been a long time.
5. It's all Greek to me.

1. It's not a dream any more.
2. It's not your fault.
3. It's not so easy.
4. It's not over yet.
5. It's not a laughing matter.

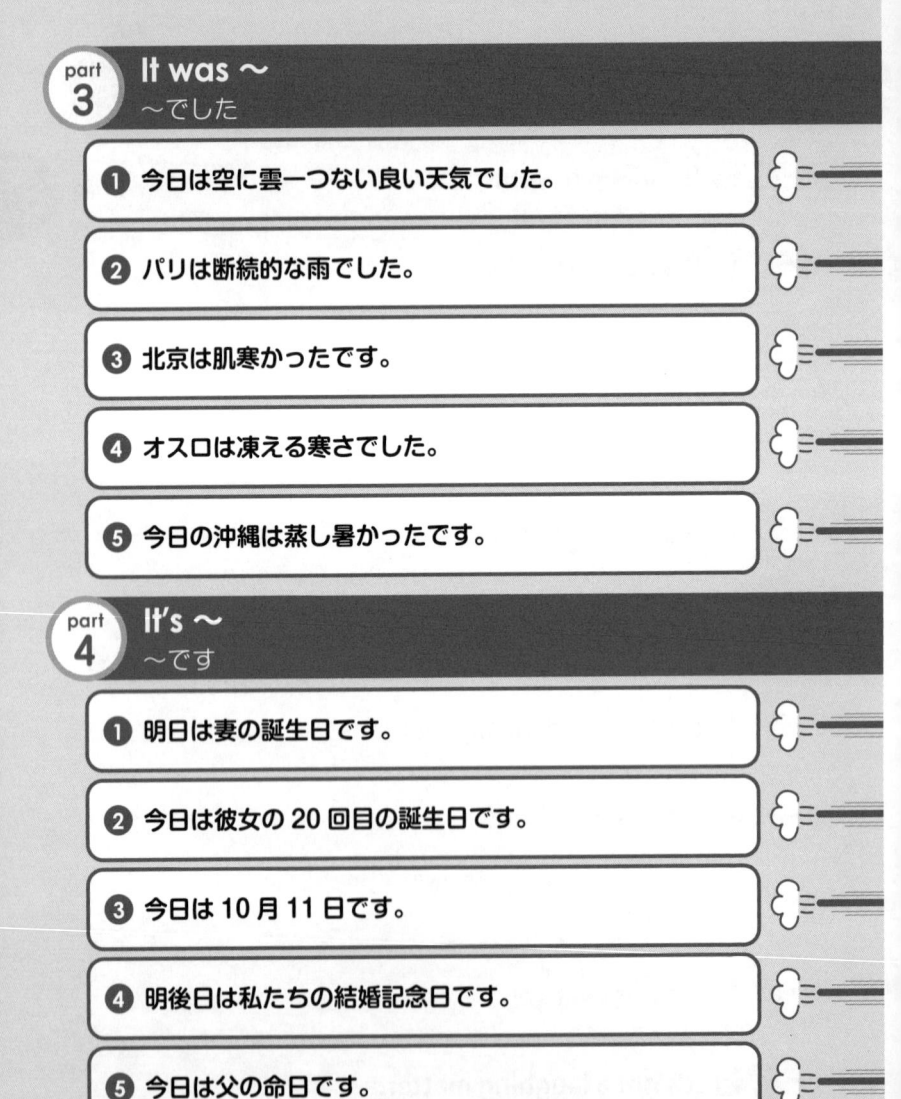

part 3 It was 〜
〜でした

1. 今日は空に雲一つない良い天気でした。
2. パリは断続的な雨でした。
3. 北京は肌寒かったです。
4. オスロは凍える寒さでした。
5. 今日の沖縄は蒸し暑かったです。

part 4 It's 〜
〜です

1. 明日は妻の誕生日です。
2. 今日は彼女の 20 回目の誕生日です。
3. 今日は 10 月 11 日です。
4. 明後日は私たちの結婚記念日です。
5. 今日は父の命日です。

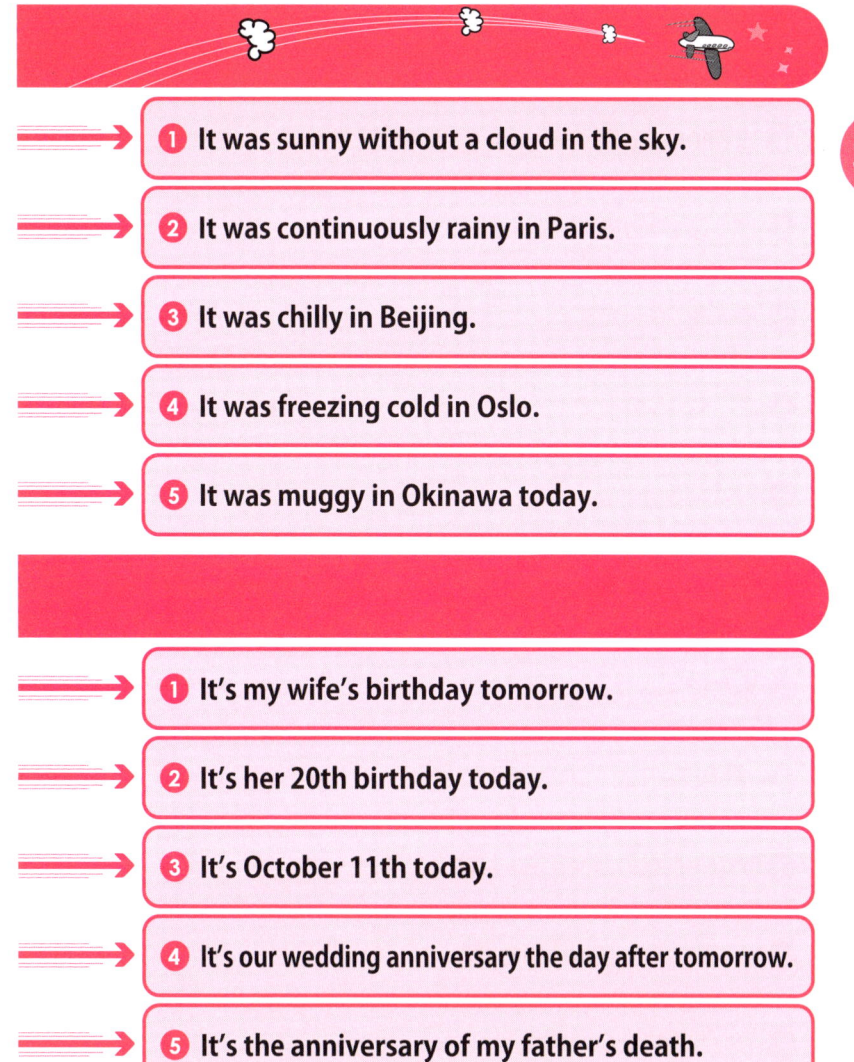

1. It was sunny without a cloud in the sky.
2. It was continuously rainy in Paris.
3. It was chilly in Beijing.
4. It was freezing cold in Oslo.
5. It was muggy in Okinawa today.

1. It's my wife's birthday tomorrow.
2. It's her 20th birthday today.
3. It's October 11th today.
4. It's our wedding anniversary the day after tomorrow.
5. It's the anniversary of my father's death.

part 5 It's ～
今～時です

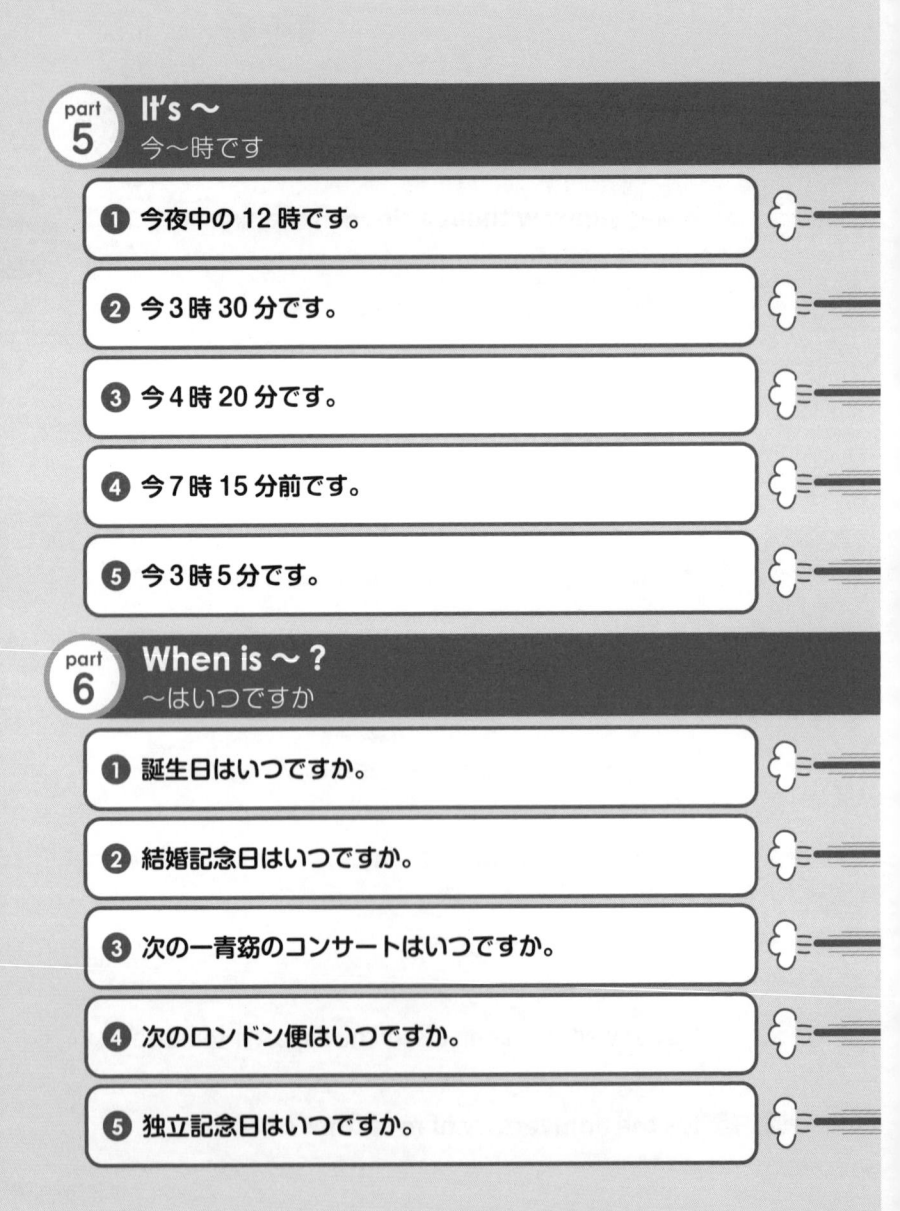

1. 今夜中の12時です。
2. 今3時30分です。
3. 今4時20分です。
4. 今7時15分前です。
5. 今3時5分です。

part 6 When is ～?
～はいつですか

1. 誕生日はいつですか。
2. 結婚記念日はいつですか。
3. 次の一青窈のコンサートはいつですか。
4. 次のロンドン便はいつですか。
5. 独立記念日はいつですか。

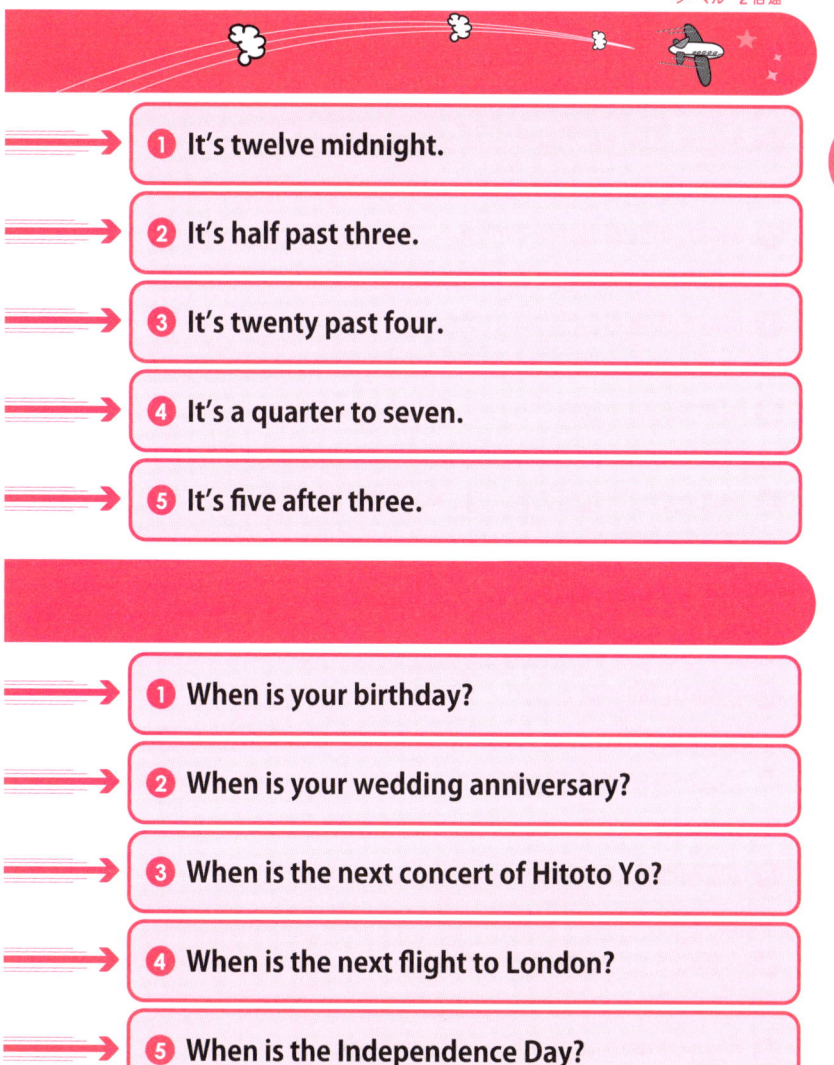

1. It's twelve midnight.
2. It's half past three.
3. It's twenty past four.
4. It's a quarter to seven.
5. It's five after three.

1. When is your birthday?
2. When is your wedding anniversary?
3. When is the next concert of Hitoto Yo?
4. When is the next flight to London?
5. When is the Independence Day?

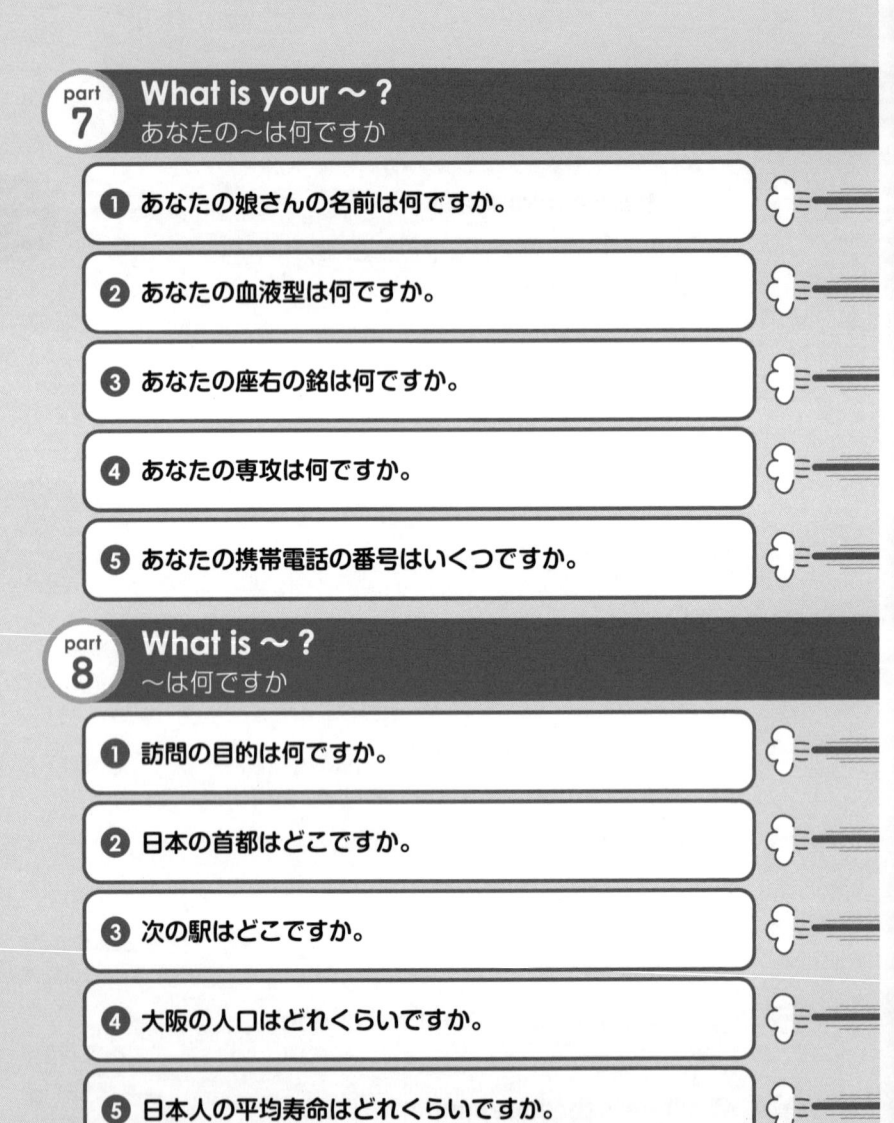

part 7 What is your ~ ?
あなたの~は何ですか

1. あなたの娘さんの名前は何ですか。
2. あなたの血液型は何ですか。
3. あなたの座右の銘は何ですか。
4. あなたの専攻は何ですか。
5. あなたの携帯電話の番号はいくつですか。

part 8 What is ~ ?
~は何ですか

1. 訪問の目的は何ですか。
2. 日本の首都はどこですか。
3. 次の駅はどこですか。
4. 大阪の人口はどれくらいですか。
5. 日本人の平均寿命はどれくらいですか。

1. What is your daughter's name?
2. What is your blood type?
3. What is your motto in life?
4. What is your major?
5. What is your cell phone number?

1. What is the purpose of your visit?
2. What is the capital of Japan?
3. What is the next stop?
4. What is the population of Osaka?
5. What is the average life expectancy of the Japanese?

STEP 3

1

- How is the weather in Paris today?
- It's sunny. How about Tokyo?
- Unfortunately it's rainy today.

- 今日のパリの天気はどうですか。
- 晴れています．東京はどうですか。
- あいにく今日は雨です。

2

- How was the weather in New York?
- It was snowy all day.
- Is it cold in New York at this time of the year?
- Yes. It's freezing cold.

- ニューヨークの天気はどうでしたか。
- 一日中雪でした。
- 今頃のニューヨークは寒いですか。
- はい、凍り付くような寒さです。

③

- What time is it?
- It's half past ten by my watch.
- Is it that late? I have to go now.

- 今何時ですか。
- 私の時計では 10 時 30 分です。
- そんなに遅いのですか。そろそろ帰らなくては。

④

- What is today's date?
- It's November 13th.
- Is it your birthday?
- No. My birthday is tomorrow.

- 今日は何日ですか。
- 11 月 13 日です。
- あなたの誕生日ですか。
- いいえ、私の誕生日は明日です。

⑤

- What day is it today?
- It's Friday.
- Phew, thank God it's Friday!

- 今日は何曜日ですか。
- 金曜日です。
- うわあ、やっと金曜日！

⑥

- What is the capital of Australia?
- It's Canberra.
- Oh, is it? I thought it was Sydney.

- オーストラリアの首都はどこですか。
- キャンベラです。
- えっ、そうなのですか。シドニーだと思っていました。

⑦

- 🇫 Hi, Ken. Long time no see!
- 🇲 Hi, Yoko. It's been a long time. How have you been?
- 🇫 Surviving.

- 🇫 やあケン，久しぶりですね。
- 🇲 やあ、ヨーコ。久しぶりだね。どうしてた？
- 🇫 何とか生きてるわ。

⑧

- 🇲 When is your birthday?
- 🇫 It's September 19th.
- 🇲 What day does it fall on this year?
- 🇫 It falls on a Sunday.

- 🇲 あなたの誕生日はいつですか。
- 🇫 9月19日です。
- 🇲 今年は何曜日ですか。
- 🇫 日曜日です。

Lesson 4

STEP 1

be動詞をマスターする(4)

I am ～
私は～です

① I'm afraid of barking dogs.
私は吠える犬が恐いです。

② My uncle is the owner chef of an Italian restaurant.
私の叔父はイタリアンレストランのオーナーシェフです。

③ I'm not a child any more.
私はもう子供ではありません。

④ We are proud of our son.
私たちは息子を誇りに思っています。

⑤ Are you in love with Bill?
ビルに恋していますか。

❶ I am ～（形容詞）　私は～です
現在の私の状態を表す表現が I am ～（形容詞）です。会話では短縮形の I'm ～と表すのが普通です。過去の状態を表すなら am の過去形の was を使って、I was ～（私は～でした）です。

❷ S is ～　S は～です
私の身分や職業を表す表現も、I'm ～です。「彼」なら He is ～、「彼女」なら She is ～で、それぞれの短縮形は He's ～, She's ～です。

❸ I am not ～　私は～ではありません
be 動詞 (am, is, are, was, were) を含む文の否定文は直後に not を付けるだけでOKです。それぞれの短縮形は isn't、aren't、wasn't、weren't ですが、amn't というのはありませんので要注意です。I am not ～は I'm not ～とするのが普通です。

❹ We are ～　私たちは～です
be 動詞の主語が複数の場合は are です。たとえば、「彼ら」なら They are ～、「私たち」なら We are ～、「あなたたち」なら You are です。過去形は were です。
例 We are students at this school.（私たちはこの学校の生徒です）
　 He and I are good friends.（彼と私は仲良しです）

❺ Are you ～?　あなたは～ですか
相手の状態や身分を尋ねる疑問文が Are you ～? です。過去の状態や身分を聞く時は、Were you ～? です。尋ねる対象が「あなた」ではなく、「彼（女）」なら Is he(she) ～?、「彼ら」なら Are they ～? です。

STEP 2 次の日本語を英訳しよう

part 1 I'm 〜
私は〜です

1. お腹が空いて死にそうです。
2. 喉が渇いてビールが飲みたいです。
3. 完璧にくたくたです。
4. 宿題に超忙しいです。
5. あなたの不平にはうんざりです。

part 2 My …（名詞）is 〜
私の…は〜です

1. 私の妹はスーパーのレジ係です。
2. 私の弟は中華料理店のオーナーシェフです。
3. 私の父はANAのパイロットです。
4. 私の母はJALの客室乗務員です。
5. 私の娘は帝国ホテルのコンシェルジェです。

1. I'm starving to death.
2. I'm thirsty for a beer.
3. I'm completely exhausted.
4. I'm super busy with my homework.
5. I'm sick and tired of your complaints.

1. My sister is a cashier at a supermarket.
2. My brother is an owner and chef at a Chinese restaurant.
3. My father is a pilot for ANA.
4. My mother is a cabin attendant for JAL.
5. My daughter is a concierge at the Imperial Hotel.

part 3 We are ~
私たちは〜です

1. 私たちは日本で一番の歌手、一青窈さんの大ファンです。
2. 私たちは浦和レッズの熱狂的なサポーターです。
3. 私たちは上智大学の学生です。
4. 私たちは日本からの旅行者です。
5. 私たちは同い年です。

part 4 I'm not ~
私は〜ではありません

1. 私は政治には興味がありません。
2. 私は歌が上手ではありません。
3. 私はインスタントコーヒーは好きではありません。
4. 私は全然疲れていません。
5. 私はその案には賛成ではありません。

1. We are big fans of Hitoto Yo, the best singer in Japan.
2. We are fanatic supporters of the Urawa Reds.
3. We are students at Sophia University.
4. We are tourists from Japan.
5. We are the same age.

1. I'm not interested in politics.
2. I'm not a good singer.
3. I'm not fond of instant coffee.
4. I'm not tired at all.
5. I'm not in favor of the proposal.

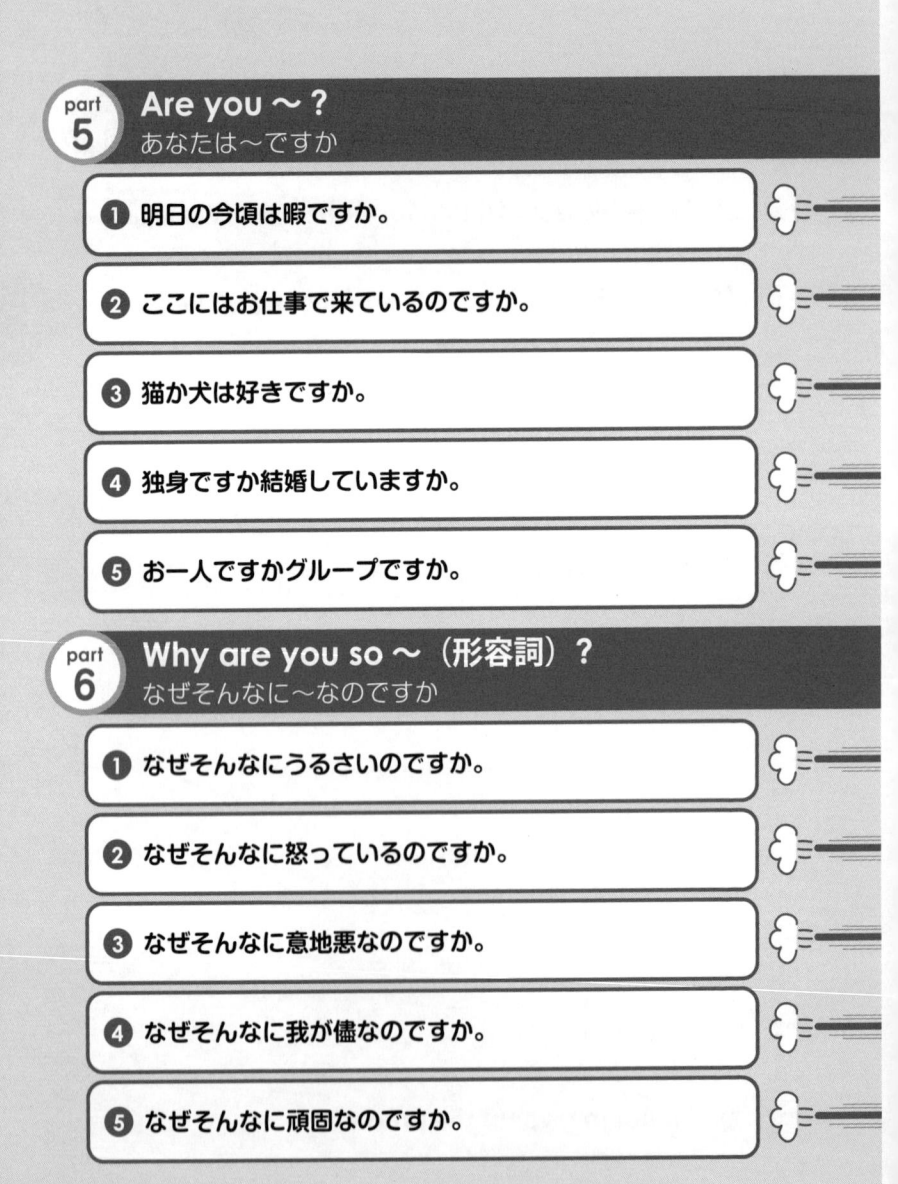

part 5 Are you ～?
あなたは～ですか

1. 明日の今頃は暇ですか。
2. ここにはお仕事で来ているのですか。
3. 猫か犬は好きですか。
4. 独身ですか結婚していますか。
5. お一人ですかグループですか。

part 6 Why are you so ～（形容詞）?
なぜそんなに～なのですか

1. なぜそんなにうるさいのですか。
2. なぜそんなに怒っているのですか。
3. なぜそんなに意地悪なのですか。
4. なぜそんなに我が儘なのですか。
5. なぜそんなに頑固なのですか。

1. Are you free at this time tomorrow?
2. Are you here on business?
3. Are you fond of cats or dogs?
4. Are you single or married?
5. Are you alone or in a group?

1. Why are you so noisy?
2. Why are you so angry?
3. Why are you so mean?
4. Why are you so selfish?
5. Why are you so obstinate?

part 7　Where is, are 〜 ?
〜はどこですか

❶ 夕べはどこにいましたか。

―駅の近くの飲み屋にジャックといました。

❷ 駐車場はどこにありますか。

―ビルの屋上にあります。

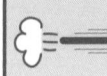

❸ 最寄りのコンビニはどこにありますか。

―ホテルの真ん前にあります。

part 8　How… （形容詞） is 〜 ?
〜はどれくらい…ですか

❶ 富士山の高さはどれくらいですか。

―3776 m です。

❷ この寺は何年前に建てられましたか．

―150 年前です。

❸ ここから空港までどれくらいありますか．

―バスで 30 分です。

❶ Where were you last night?

—I was at a bar with Jack near the station.

❷ Where is the parking lot?

—It is on the roof of the building.

❸ Where is the nearest convenience store?

—It's right in front of the hotel.

---

❶ How high is Mt.Fuji?

—It's three thousand seven hundred and seventy-six meters high.

❷ How old is this temple?

—It's one hundred and fifty years old.

❸ How far is the airport from here?

—It's a thirty-minute bus ride.

STEP 3

①

- Are you a fan of the Beatles?
- Yeah. I'm a big fan. How about you?
- I don't like the Beatles very much. I'm a fan of Hitoto Yo.
- Who is Hitoto Yo?
- She is a famous Japanese pop singer.

- ビートルズのファンですか。
- ええ、大ファンです。あなたは？
- ビートルズはあまり好きではありません。一青窈さんの大ファンです。
- 一青窈ってだれですか。
- 彼女は有名なＪポップ歌手です。

2

- What do you do for a living?
- I'm a pilot.
- Which airline do you work for?
- I work for JAL.

- 職業は何ですか。
- パイロットです。
- どちらの航空会社に勤めていますか。
- JAL です

3

- Are you busy this Saturday?
- No, but why?
- How about going shopping in Ginza?
- That's great.

- 今週の土曜日は忙しいですか。
- いいえ、でも何で？
- 銀座に買い物に行くのはどう？
- いいですね。

④

F: Are you hungry?
M: No. I'm not hungry yet. But I'm thirsty.
F: Then, I'll get you a drink.
M: Can I have a beer?
F: Sure.

F: お腹が空いていますか。
M: いいえ、まだお腹は空いていませんが、喉が渇いています。
F: じゃあ、飲み物を持って来ましょう。
M: ビールもらえますか。
F: わかりました。

⑤

- Where are you from?
- I'm from the United States.
- What part of the United States are you from?
- Texas.

- どちらの出身ですか。
- アメリカです。
- アメリカのどちらですか。
- テキサスです。

⑥

- How far is Tokyo Station from here?
- It's about half an hour by train.
- Which platform is for Tokyo Station?
- Platform 4.

- ここから東京駅までどれくらいありますか。
- 列車で約30分です。
- 東京駅方面は何番ホームですか。
- 4番ホームです。

⑦

M Where is the food section?

F It's in the first basement. There's an escalator over there.

M Thank you.

F You're welcome.

M 食品売り場はどこですか。

F 地下1階です。むこうにエスカレーターがあります。

M ありがとう。

F どういたしまして。

⑧

F Excuse me. Are you Mr. Shimizu by any chance?

M Yes, I am.

F Do you remember me? I was a student at Kawaguchi High School.

M Oh, you are Masako.

F 失礼ですが、もしかしたら清水先生ですか。

M はいそうですが。

F 私を覚えていますか。川口高校の生徒でした。

M ああ、マサコ。

Lesson 5

STEP 1

一般動詞をマスターする

I + 〜（一般動詞）
私は〜します

CD 1-45 1-46
ノーマル 2倍速

1 I work for a pharmaceutical company as a sales manager.
私は販売部長として製薬会社に勤めています。

2 My wife works for a bank in Tokyo.
妻は東京の銀行に勤めています。

3 I don't have a family to support.
私は養うべき家族がいません。

4 Do you have any brothers or sisters?
あなたは兄弟姉妹がいますか。

5 He doesn't want to go out in the rain.
彼は雨の中を外出したくない。

6 Does this street lead to Hyde Park?
この通りはハイドパークに通じていますか。

❶ I work for ～　　私は～に勤めています

is, am, are を be 動詞と呼び、その前後の語句をイコールの形で結びつけますが、それ以外の動作や状態を表す動詞を一般動詞と言います。ここでは、勤め先の言い方を練習します。

❷ S（三人称・単数）＋～（動詞）s　　Sは～します

一般動詞の主語がI（私）と you（あなた）を除いた単数の場合（これを3人称単数と呼ぶ）は、動詞の最後に s を付けます。ただし、語尾が ch, sh, s などの場合は es を付けます。

❸ S don't ～（動詞の原形）　　Sは～しません

一般動詞の否定文です。主語がI（私）と you（あなた）と複数の場合は主語の直後に don't を入れるだけでOKです。過去形にしたければ、don't の代わりに didn't です。

❹ Do S ～（動詞の原形）？　　Sは～しますか

一般動詞の疑問文です。主語がI（私）と you（あなた）と複数の場合は、文頭に Do を置き、最後に？を付ければOKです。語尾のイントネーションは上げて発音します。

❺ S（三人称単数）doesn't ～（動詞の原形）
　 Sは～しません

主語が三人称・単数で現在の時の否定文は主語の後に doesn't ＋動詞の原形です。

❻ Does S（三人称単数）～（動詞の原形）？
　 Sは～しますか

主語が三人称で単数の時の疑問文は、文頭に Does を置き、その代わりに、動詞に付いていた s や es を元に形に戻し、最後に？を付ければOKです。語尾のイントネーションは上げて発音します。

STEP 2 次の日本語を英訳しよう

part 1　I work for… as a ～
私は～として…に勤めています

① 私はツアーコンダクターとして旅行社に勤めています。

② 私はフロント係としてホテルに勤めています。

③ 私は教授として大学に勤めています。

④ 私は受付係として病院に勤めています。

⑤ 私は販売員として花屋に勤めています。

part 2　He ～ s
彼は～します

① 彼は東京の郊外に住んでいます。

② 彼はスーパーで買い物をします。

③ 彼は家に帰る途中、時々飲み屋に立ち寄ります。

④ 彼は月曜日には英語の学校に行きます。

⑤ 彼は毎朝、猫に餌をあげます。

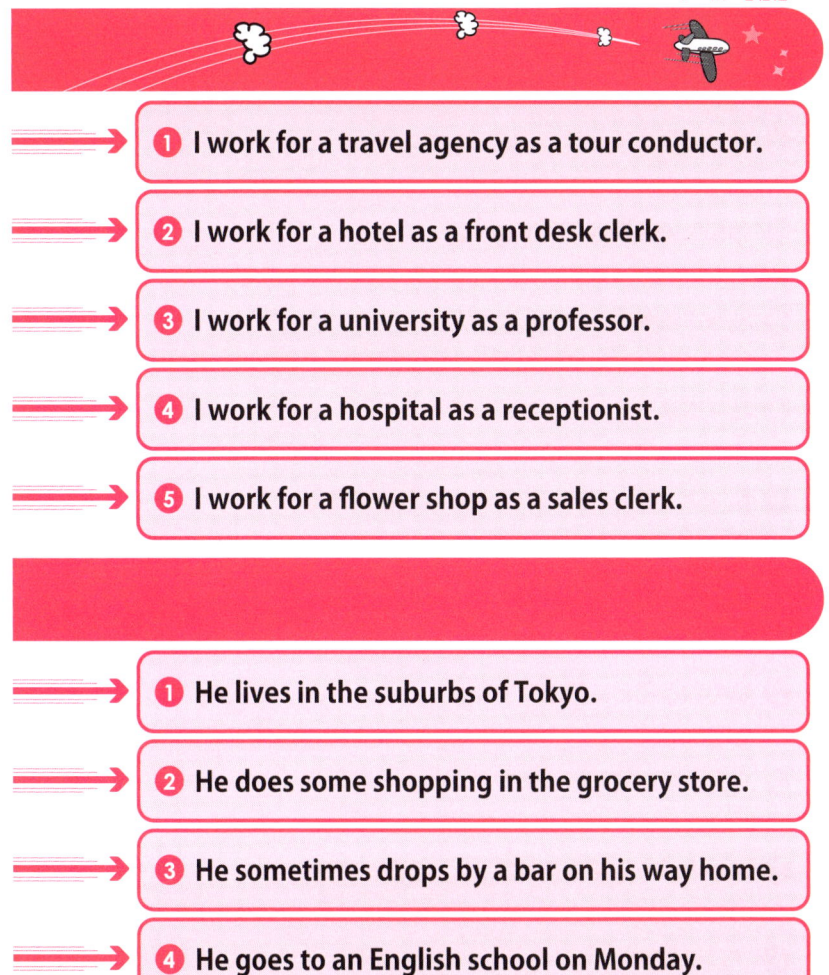

❶ I work for a travel agency as a tour conductor.

❷ I work for a hotel as a front desk clerk.

❸ I work for a university as a professor.

❹ I work for a hospital as a receptionist.

❺ I work for a flower shop as a sales clerk.

❶ He lives in the suburbs of Tokyo.

❷ He does some shopping in the grocery store.

❸ He sometimes drops by a bar on his way home.

❹ He goes to an English school on Monday.

❺ He feeds his cat every morning.

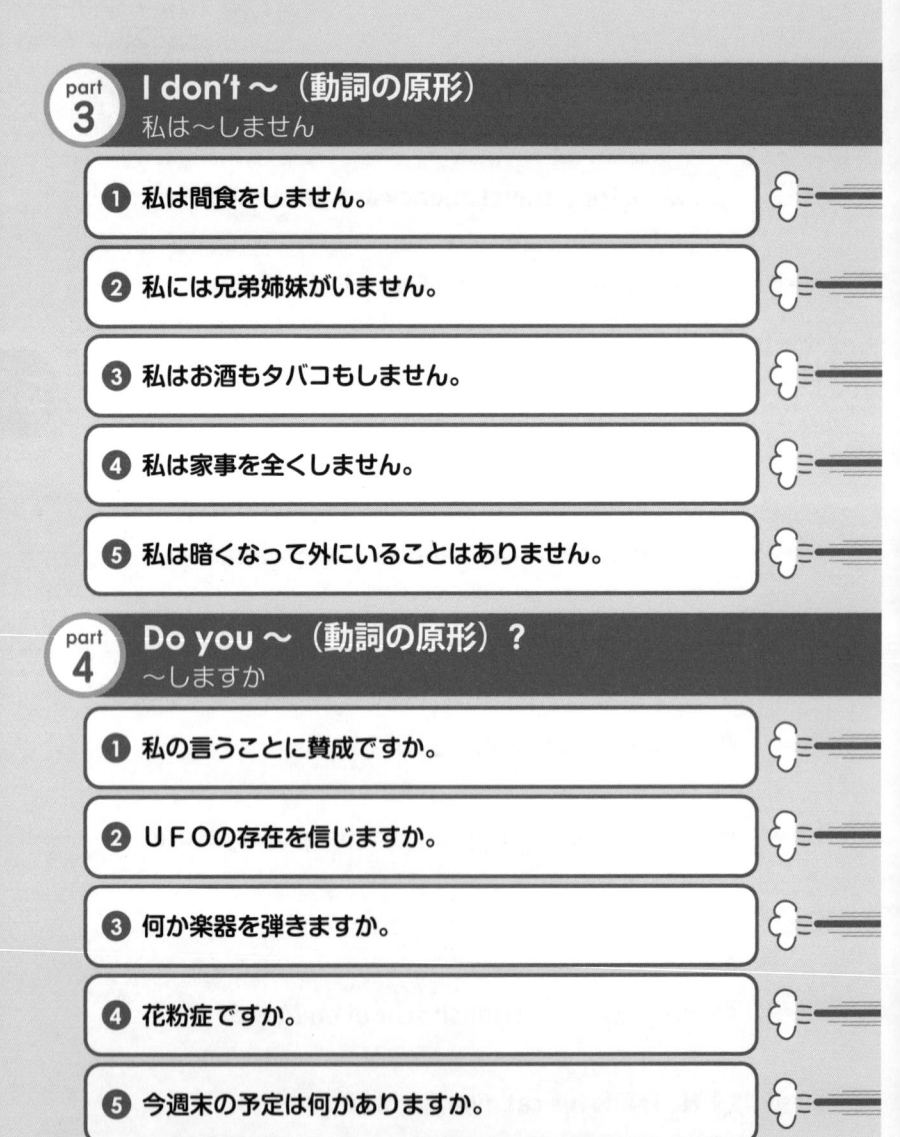

part 3　I don't 〜（動詞の原形）
私は〜しません

1. 私は間食をしません。
2. 私には兄弟姉妹がいません。
3. 私はお酒もタバコもしません。
4. 私は家事を全くしません。
5. 私は暗くなって外にいることはありません。

part 4　Do you 〜（動詞の原形）？
〜しますか

1. 私の言うことに賛成ですか。
2. ＵＦＯの存在を信じますか。
3. 何か楽器を弾きますか。
4. 花粉症ですか。
5. 今週末の予定は何かありますか。

1. I don't eat between meals.
2. I don't have any brothers or sisters.
3. I don't drink or smoke.
4. I don't do the household chores at all.
5. I don't stay out after dark.

1. Do you agree with me?
2. Do you believe in UFOs?
3. Do you play any musical instruments?
4. Do you have hay fever?
5. Do you have any plans for this weekend?

part 5   He doesn't ～（動詞の原形）
彼は～しません

① 彼は幸せそうに見えない。

② 彼はあなたが言っていることを理解していません。

③ 彼は全然テレビを観ません。

④ 彼は選挙権がありません。

⑤ 彼は好き嫌いが全然ありません。

part 6   Does this …～（動詞の原形）？
この…は～しますか

① このバスは京都駅に行きますか。

② この電車は春日部駅に止まりますか。

③ この車はガソリンをたくさん食いますか。

④ この請求書には税金が含まれていますか。

⑤ このネクタイは私のスーツに似合いますか。

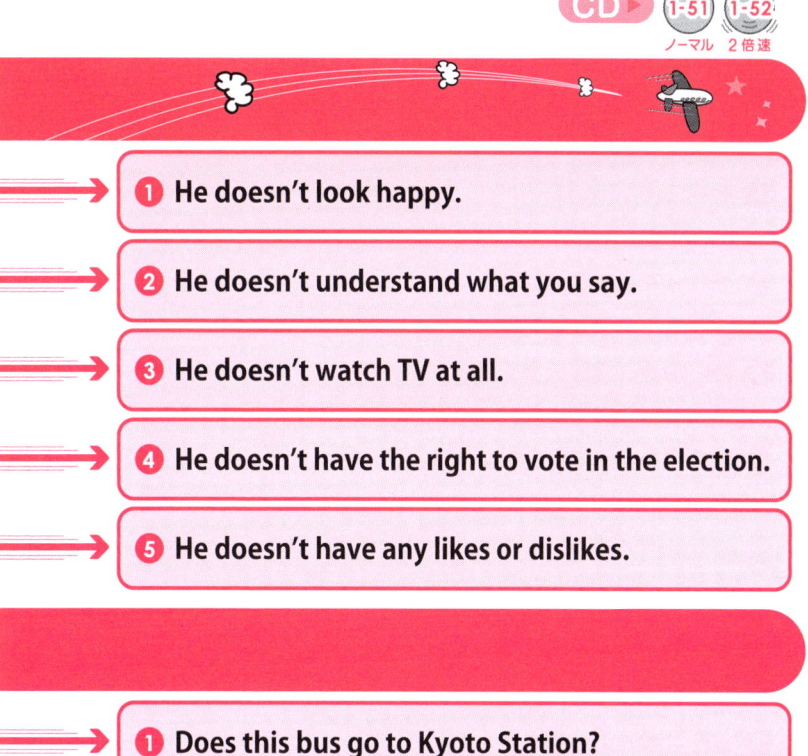

1. He doesn't look happy.
2. He doesn't understand what you say.
3. He doesn't watch TV at all.
4. He doesn't have the right to vote in the election.
5. He doesn't have any likes or dislikes.

1. Does this bus go to Kyoto Station?
2. Does this train stop at Kasukabe Station?
3. Does this car eat a lot of gas?
4. Does this bill include tax?
5. Does this tie go with my suit?

part 7 What do you ～（動詞の原形）?
何を～しますか

1. お昼に何がいい？
2. それってどういうこと？
3. 彼の企画どう思いますか。
4. この花を英語で何と言いますか。
5. 職業は何ですか。

part 8 What kind of…（名詞）do you ～（動詞の原形）?
どんな種類の…を～しますか

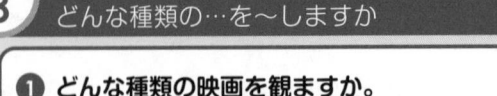

1. どんな種類の映画を観ますか。
2. どんな種類の車を運転しますか。
3. どんな種類のコンピュータを使いますか。
4. どんな種類の野菜を栽培していますか。
5. どんな種類のビールを飲みますか。

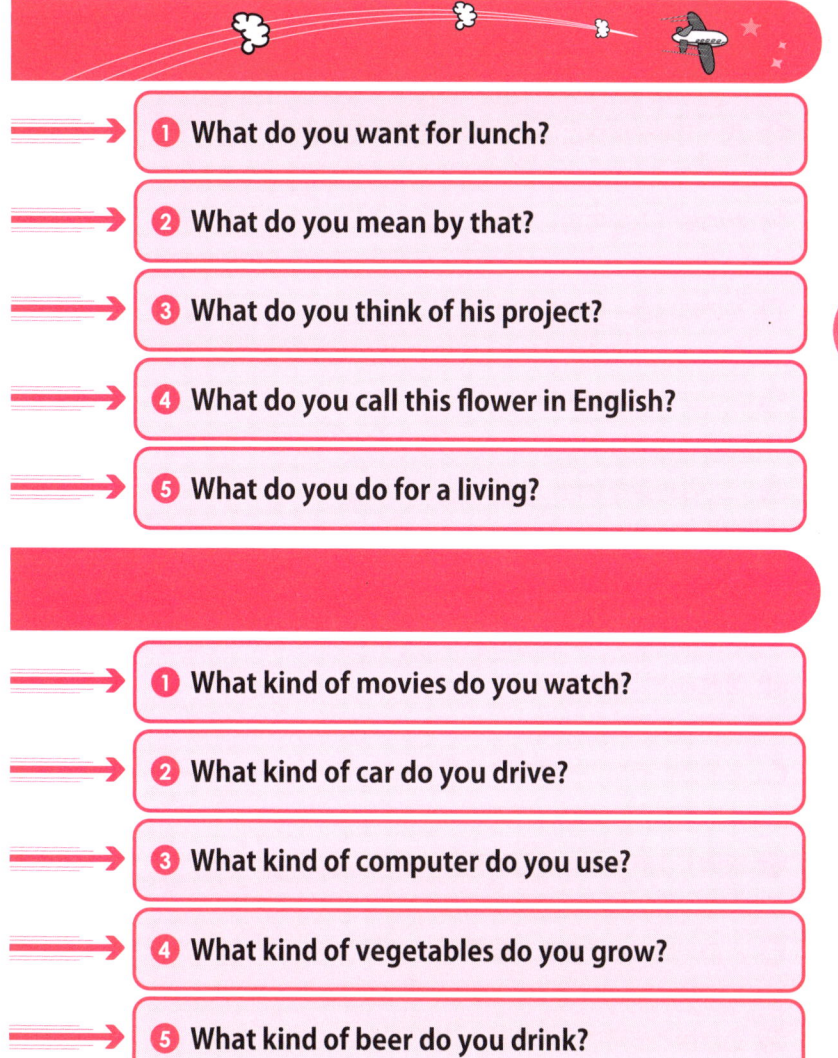

1. What do you want for lunch?
2. What do you mean by that?
3. What do you think of his project?
4. What do you call this flower in English?
5. What do you do for a living?

1. What kind of movies do you watch?
2. What kind of car do you drive?
3. What kind of computer do you use?
4. What kind of vegetables do you grow?
5. What kind of beer do you drink?

part 9 Which…(名詞) do you ~ (動詞の原形)?
どの…を~しますか

1. パーティーにはどのドレスを着ていきますか。
2. どのチームを応援していますか。
3. どの科目が一番好きですか。
4. どのテレビ番組を観ますか。
5. どんな野菜を栽培しますか。

part 10 How do you ~ (動詞の原形)?
どのように~しますか

1. 通勤方法は何ですか。
2. 名前はどう綴りますか。
3. 英語でこれを何と言いますか。
4. この単語はどう発音しますか。
5. 正月はどう過ごしますか。

1. Which dress do you wear to the party?
2. Which team do you support?
3. Which subject do you like best?
4. Which TV programs do you watch?
5. Which vegetables do you grow?

1. How do you commute to work?
2. How do you spell your name?
3. How do you say this in English?
4. How do you pronounce this word?
5. How do you spend New Year's Day?

part 11　How much do you ～（動詞の原形）?
どれくらい～しますか

1. 今いくら持っていますか。
2. 体重はどれくらいですか。
3. 一青窈さんのことをどれくらい知っていますか。
4. 時給はいくらですか。
5. 一日にどれくらいお酒を飲みますか。

part 12　How many…（複数形の名詞）do you ～（動詞の原形）?
いくつの…を～しますか

1. 毎日タバコは何本吸いますか。
2. 子供は何人いますか。
3. 家にはテレビは何台ありますか。
4. 一月に何冊小説を読みますか。
5. 毎日コーヒーを何杯飲みますか。

① How much do you have on you?

② How much do you weigh?

③ How much do you know about Hitoto Yo?

④ How much do you make an hour?

⑤ How much do you drink a day?

① How many cigarettes do you smoke every day?

② How many children do you have?

③ How many TV sets do you have at home?

④ How many novels do you read a month?

⑤ How many cups of coffee do you drink every day?

STEP 3

1

- Does this bus stop at Petticoat Lane Market?
- Yes.
- How long does it take to get there?
- About 20 minutes.

- このバスはペチコートレイン市場で停まりますか。
- はい。
- そこまでどれくらいかかりますか。
- 約20分です。

2

- What kind of music do you listen to?
- I usually listen to classical music.
- Do you have any favorite composers?
- Well, I love Chopin.

- どんな音楽を聴きますか。
- 普段はクラシックを聴きます。
- 好きな作曲家はいますか。
- そうですね、ショパンが大好きです。

③

M: Does this street lead to the Ueno Zoo?
F: Well, I'm not familiar with this area. I'll ask someone.
M: That's very nice of you.

M: この通りは上野動物園に通じる道ですか。
F: そうですね、この辺には詳しくないので、誰かに聞いてみます。
M: ご親切にありがとうございます。

④

M: Where does your father work?
F: He works for Shinagawa Ward in Tokyo.
M: How about your mother?
F: She's a homemaker.

M: お父さんの職業は何ですか。
F: 東京の品川区役所に勤めています。
M: お母さんは？
F: 主婦です。

⑤

M How many brothers or sisters do you have?
F I have one brother and one sister.
M Are you the youngest?
F No. I'm the oldest.

M 兄弟姉妹は何人いますか。
F 1人ずついます。
M あなたが末っ子ですか。
F いいえ．一番年上です。

⑥

How do you commute to work?
By train.
Do you drive?
Yes, but only on weekends.
What kind of car do you drive?
I drive a Mazda.

通勤方法は何ですか。
列車です。
車は運転しますか。
はい、でも週末だけですが。
どんな車に乗っていますか。
マツダに乗っています。

⑦

- 🇫 **Does your wife work part-time?**
- 🇲 **Yes. She works for a bakery nearby.**
- 🇫 **How often does she work in a week?**
- 🇲 **I don't know for sure, but maybe two or three days a week.**

- 🇫 奥さんはパートをしていますか。
- 🇲 はい．近所のパン屋で働いています。
- 🇫 週にどれくらい働いていますか。
- 🇲 はっきりわかりませんが週に2、3日だと思います。

⑧

F: What do you usually do in your spare time?
M: I sometimes go fishing in the sea.
F: What kind of fish do you fish for?
M: I fish for sea breams.

F: 暇なときは普段何をしますか。
M: 時々海釣りに行きます。
F: どんな種類の魚を釣りますか。
M: 鯛を釣ります。

Lesson 6

STEP 1

一般動詞の過去形をマスターする

I +〜（過去形）
私は〜しました

① I played catch with my father in the park.
公園で父とキャッチボールをしました。

② I bought a pair of boots at a shoe factory.
靴工場でブーツを1足買いました。

③ I didn't give him chocolate on St. Valentine's Day.
バレンタインデイは彼にチョコレートをあげませんでした。

④ Did you work overtime last night?
夕べは残業しましたか。

❶ S +〜（動詞）ed　　Sは〜しました
一般動詞の過去形の規則変化形は語尾にed（eで終わる動詞はd）をつけるだけでOKです。ただし、studyのように、語尾が子音＋yの場合はyをiに変えてed、つまり、studiedとします。主語が3人称であっても常にedをつけるだけなので面倒がありません。
例　carry（運ぶ）→ carried（運んだ）
　　live（生きる）→ lived（生きた）
　　enjoy（楽しむ）→ enjoyed（楽しんだ）

❷ S bought 〜　　Sは〜を買いました
一般動詞の不規則変化形です。buy（買う）の過去形と過去分詞はboughtです。

❸ S didn't 〜（動詞の原形）　　Sは〜しませんでした
過去形の文の否定文は主語の直後にdidn'tを置き、過去形の動詞を元の形（原形）に戻します。現在形の場合と違って、3人称・単数のsなどはありません。

❹ Did S 〜（動詞の原形）？　　Sは〜しましたか
一般動詞の過去形の疑問文は全て文頭にDidを置き、過去形の動詞を元の形に戻し、最後に？を付けるだけです。語尾のイントネーションは上げて発音します。

STEP 2 次の日本語を英訳しよう

part 1　I +〜ed（規則変化の動詞の過去形）

1. 今朝駅まで歩いて行きました。

2. 今朝はいつもの電車に乗り遅れました。

3. 大学で経済学を専攻しました。

4. 高校では柔道部に入っていました。

5. 今日は友だちの見舞いに行きました。

part 2　I +〜（不規則変化の動詞の過去形）

1. 鎌倉駅で降りてバスに乗って海岸に行きました。

2. 社員食堂で早めの昼食を取りました。

3. 10年前に大阪の郊外に家を建てました。

4. 同僚とゴルフのコンペに参加しました。

5. 10歳までロンドンで過ごしました。

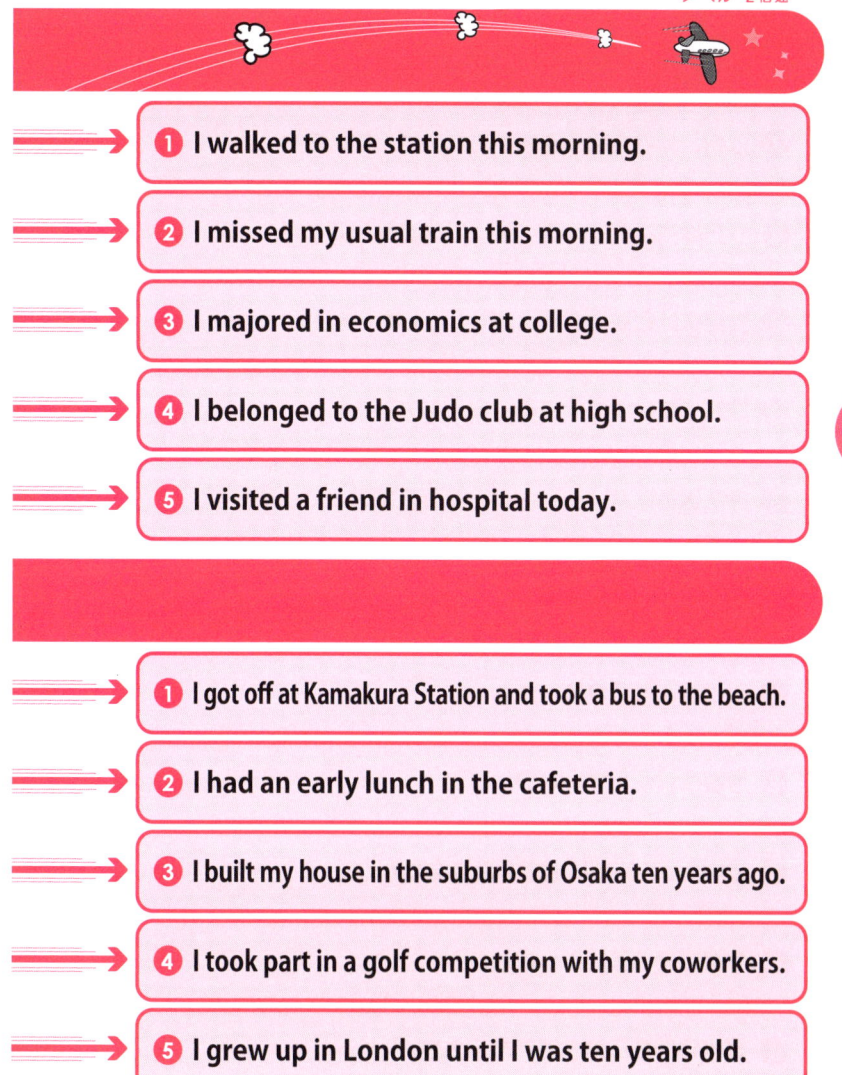

1. I walked to the station this morning.
2. I missed my usual train this morning.
3. I majored in economics at college.
4. I belonged to the Judo club at high school.
5. I visited a friend in hospital today.

1. I got off at Kamakura Station and took a bus to the beach.
2. I had an early lunch in the cafeteria.
3. I built my house in the suburbs of Osaka ten years ago.
4. I took part in a golf competition with my coworkers.
5. I grew up in London until I was ten years old.

part 3 — I didn't ～（動詞の原形）
～しませんでした

1. 今朝、朝食を取る時間がありませんでした。
2. 今日は会社までバスに乗って来ませんでした。
3. 先週末はどこにも行きませんでした。
4. 結局その仕事には応募しませんでした。
5. 時間通りにパーティー会場に着きませんでした。

part 4 — Did you ～（動詞の原形）？
～しましたか

1. 夕べはよく眠れましたか。
2. 今朝は寝坊しましたか。
3. 夜中の 12 時頃に地震を感じましたか。
4. 今夜の席の予約はしましたか。
5. 報告書はもう書き終えましたか。

1. I didn't have time for breakfast this morning.
2. I didn't take a bus to the office today.
3. I didn't go anywhere last weekend.
4. I didn't apply for the job after all.
5. I didn't get to the party on time.

1. Did you sleep well last night?
2. Did you oversleep this morning?
3. Did you feel the earthquake around midnight?
4. Did you reserve a table tonight?
5. Did you finish writing your report yet?

part 5　Who 〜（過去形）?
誰が〜しましたか

1. 誰が冷蔵庫の中の私のケーキを食べたのですか。
2. 誰がこの絵を描いたのですか。
3. 誰があなたにそんなこと言ったのですか。
4. 誰がそんな愚かなことをしたのですか。
5. 誰がそんなに大きな魚を釣ったのですか。

part 6　Where did you 〜（動詞の原形）?
どこで〜しましたか

1. 先週の日曜日はどこに行きましたか。
2. どこで英語を身につけたのですか。
3. 夕べはどこで寝たのですか。
4. 東京のどこに住んでいたのですか。
5. 自動車をどこに停めましたか。

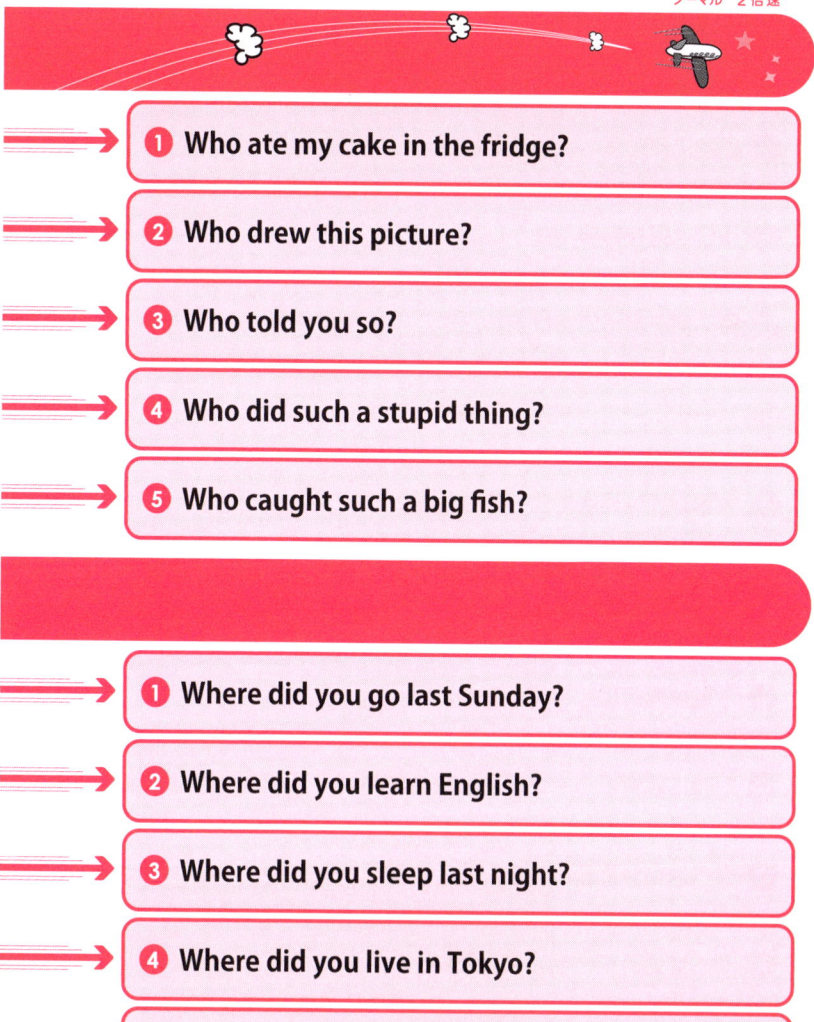

1. Who ate my cake in the fridge?
2. Who drew this picture?
3. Who told you so?
4. Who did such a stupid thing?
5. Who caught such a big fish?

1. Where did you go last Sunday?
2. Where did you learn English?
3. Where did you sleep last night?
4. Where did you live in Tokyo?
5. Where did you park your car?

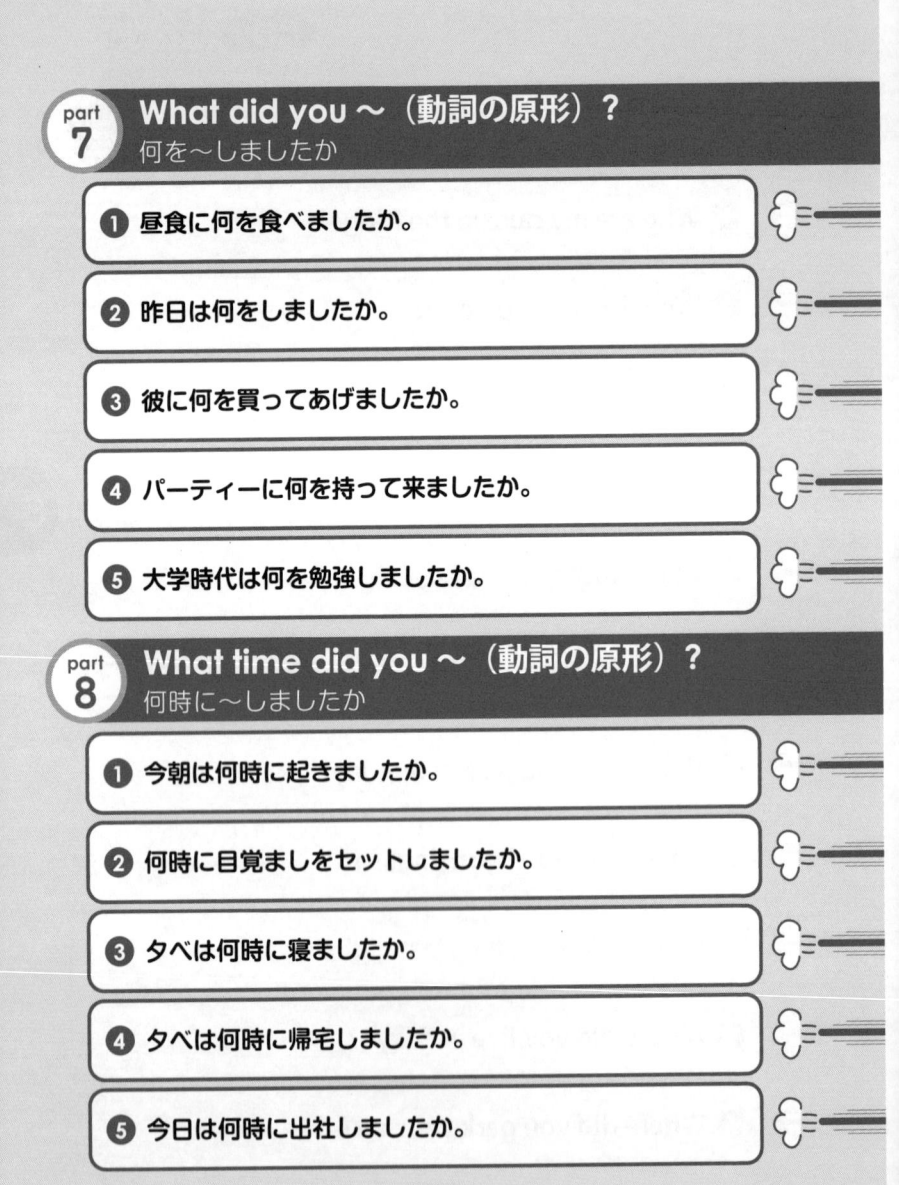

part 7　What did you ~（動詞の原形）?
何を~しましたか

1. 昼食に何を食べましたか。
2. 昨日は何をしましたか。
3. 彼に何を買ってあげましたか。
4. パーティーに何を持って来ましたか。
5. 大学時代は何を勉強しましたか。

part 8　What time did you ~（動詞の原形）?
何時に~しましたか

1. 今朝は何時に起きましたか。
2. 何時に目覚ましをセットしましたか。
3. 夕べは何時に寝ましたか。
4. 夕べは何時に帰宅しましたか。
5. 今日は何時に出社しましたか。

1. What did you eat for lunch?
2. What did you do yesterday?
3. What did you buy for him?
4. What did you bring to the party?
5. What did you study in college?

1. What time did you get up this morning?
2. What time did you set the alarm for?
3. What time did you go to bed last night?
4. What time did you get home last night?
5. What time did you get to the office today?

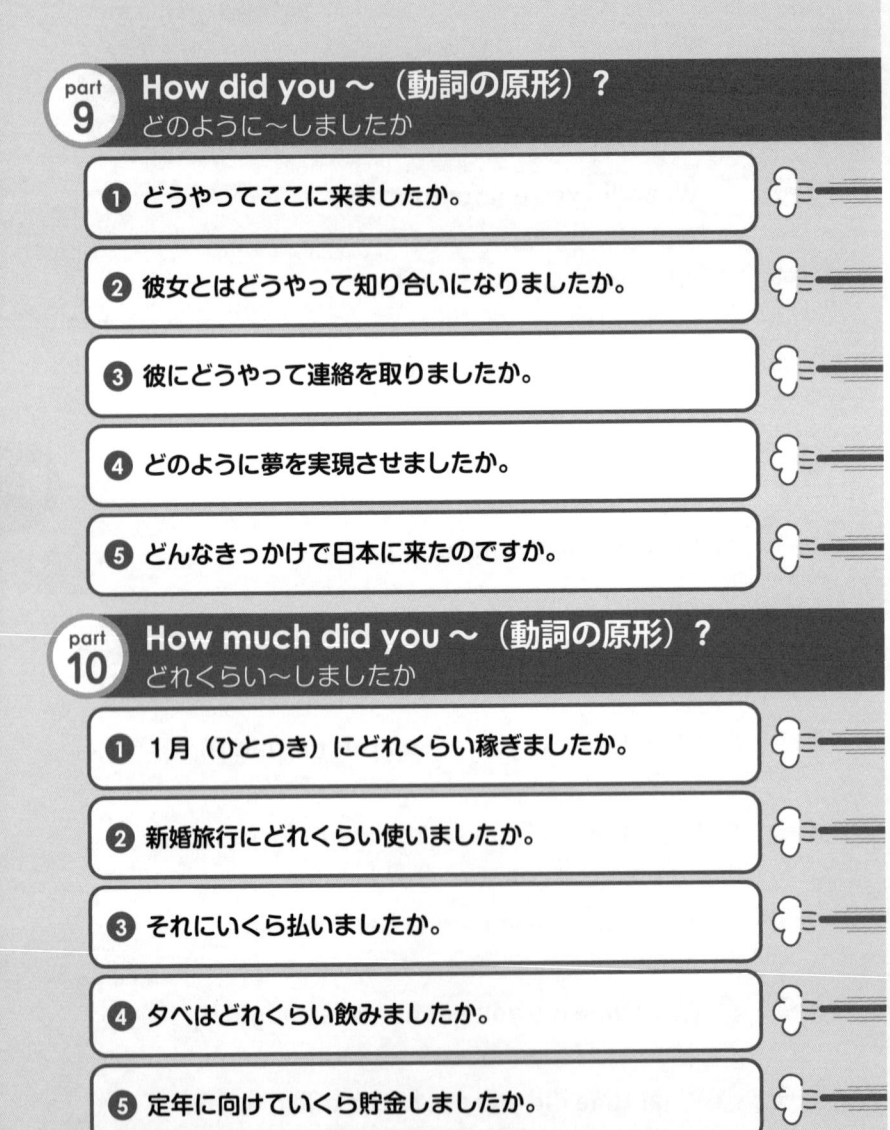

part 9 How did you ～ (動詞の原形) ?
どのように～しましたか

1. どうやってここに来ましたか。
2. 彼女とはどうやって知り合いになりましたか。
3. 彼にどうやって連絡を取りましたか。
4. どのように夢を実現させましたか。
5. どんなきっかけで日本に来たのですか。

part 10 How much did you ～ (動詞の原形) ?
どれくらい～しましたか

1. 1月（ひとつき）にどれくらい稼ぎましたか。
2. 新婚旅行にどれくらい使いましたか。
3. それにいくら払いましたか。
4. 夕べはどれくらい飲みましたか。
5. 定年に向けていくら貯金しましたか。

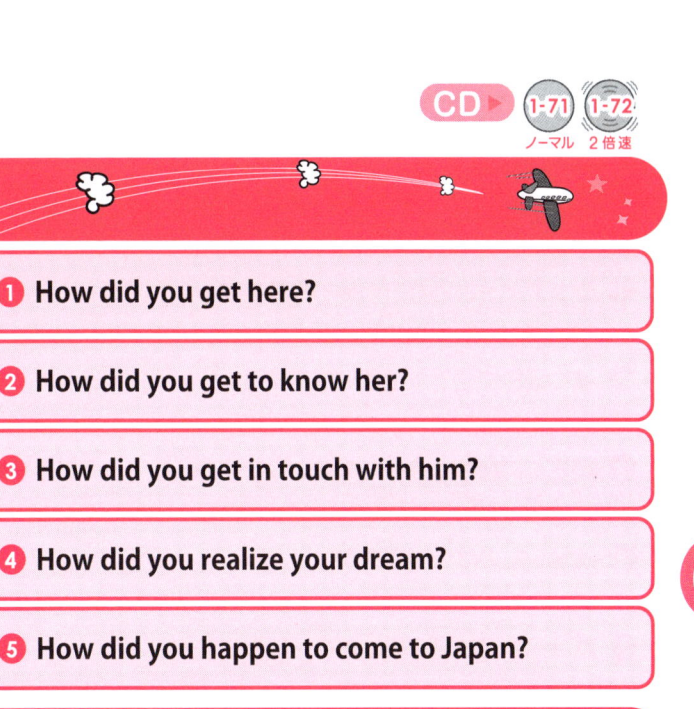

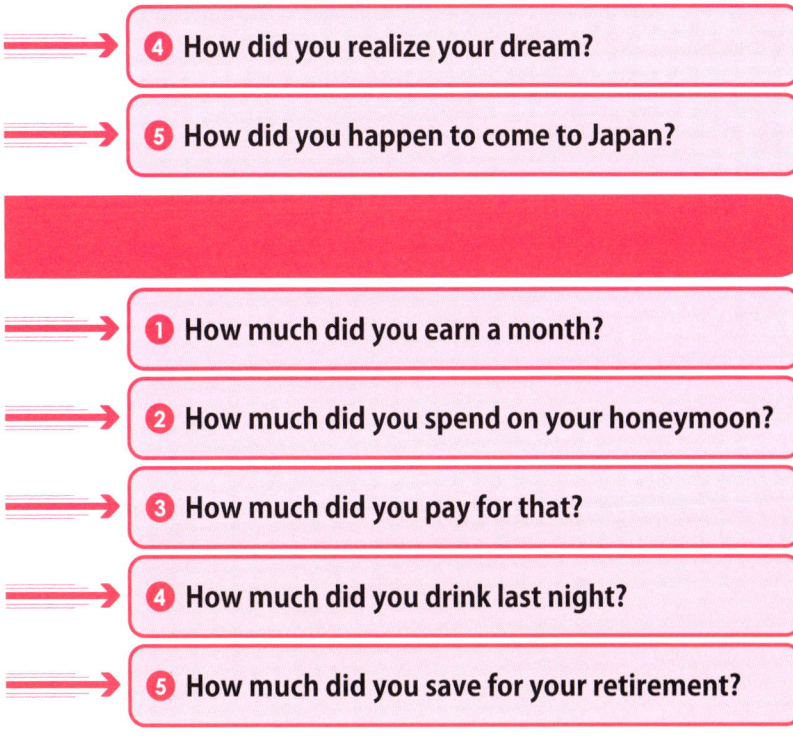

1. How did you get here?
2. How did you get to know her?
3. How did you get in touch with him?
4. How did you realize your dream?
5. How did you happen to come to Japan?

1. How much did you earn a month?
2. How much did you spend on your honeymoon?
3. How much did you pay for that?
4. How much did you drink last night?
5. How much did you save for your retirement?

part 11 When did you ～（動詞の原形）？
いつ～しましたか

1. ジュディーと別れたのはいつですか。
2. 彼に最後に会ったのはいつですか。
3. 奥さんに初めて会ったのはいつですか。
4. 禁煙したのはいつですか。
5. 就職の面接試験を受けたのはいつですか。

1. When did you break up with Judy?
2. When did you see him last?
3. When did you first meet your wife?
4. When did you give up smoking?
5. When did you have a job interview?

STEP 3

①

- 🅕 **Did you go anywhere last weekend?**
- 🅜 **Yeah. I went to Tokyo Disneyland with my family.**
- 🅕 **Did you have a good time?**
- 🅜 **Yeah, but it was very crowded.**

- 🅕 先週末はどこかに行きましたか。
- 🅜 うん、家族でディズニーランドに行きました。
- 🅕 楽しかったですか。
- 🅜 うん。でも、とても混雑していました。

②

- **How did you get home last night?**
- **I missed the last train. So I took a taxi.**
- **How much did you pay for the fare?**
- **Ten thousand yen.**

- 夕べはどうやって帰ったのですか。
- 最終電車に乗り遅れたのでタクシーに乗りました。
- いくらかかりましたか。
- 1万円です。

③

🅕 Did you buy your wife anything for Christmas?

🅜 Of course, yes.

🅕 What did you buy for her?

🅜 I bought her a pair of heart-shaped earrings.

🅕 クリスマスに奥さんのために何か買いましたか。

🅜 もちろん買いました。

🅕 何を買ったのですか。

🅜 ハートのイヤリングを買いました。

④

- Where did you go on your honeymoon?
- We went to Greece.
- How long did you stay there?
- We stayed there seven days.
- Did you visit any small islands in the Aegean Sea?
- Yeah. We visited a white island called Mikonos.
- I envy you.

- 新婚旅行はどこに行きましたか。
- 私たちはギリシャに行きました。
- どれくらいいましたか。
- 7日間です。
- エーゲ海の小さな島を訪れましたか。
- ええ．ミコノスという白い島を訪れました。
- 羨ましいですね。

⑤

- **Did you change your hairstyle?**
- **Yeah.**
- **I like your hairstyle. Where did you get a haircut?**
- **At a beauty salon in Harajuku.**

- ヘアスタイル変えた？
- ええ。
- そのスタイル好きです。どこで切ったの？
- 原宿の美容院で。

6

- When did you first meet your husband?
- I met him in high school.
- Were you in the same homeroom?
- No. We were both in the tennis club.

- ご主人に初めて会ったのはいつですか。
- 高校時代に会いました。
- 同じクラスだったのですか。
- いいえ。二人とも同じテニス部にいました。

7

- What did you major in at college?
- I majored in Spanish.
- Did you? Do you speak Spanish?
- Just a little bit.

- 大学の専攻は何でしたか。
- スペイン語を専攻しました。
- そうなんですか。スペイン語を話しますか。
- 少しだけ話します。

Lesson 7

STEP 1

命令文をマスターする

動詞（原形）
～しなさい

① Go straight along this street.
この通りをまっすぐ行ってください。

② Be sure to brush your teeth after each meal.
毎食ごとに必ず歯を磨きなさい。

③ Don't be late for the meeting.
会議に遅刻しないでください。

④ Will you pass me the pepper?
コショウを取ってくれますか。

⑤ Let's get started.
始めましょう。

❶ ～（動詞の原形）　　～しなさい、～してください

動詞で始まる文を命令文と言いますが、英語では軽くソフトな感じで言えばそれほど命令口調にはなりません。文頭か文尾に please をつけると、丁寧さが増しますが、道案内など相手が利益を得るような状況では、please をつけることはありません。

❷ Be sure to ～（動詞の原形）　　必ず～しなさい

Be careful.（注意しなさい）、Be quiet.（静かにしなさい）のように、動作ではなく状態を表す命令文は「Be ＋形容詞」です。ここでは、Be sure to ～（動詞の原形）（必ず～しなさい）の表現を練習します。この形は Remember to ～や Don't forget to ～に置き換えても意味は変わりません。

❸ Don't ～（動詞の原形）　　～しないでください

否定の命令文は文頭に Don't ～をつけるだけで OK です。

❹ Will you ～（動詞の原形）？　　～してくれますか

命令文で使う please の代わりに will you を使うとさらに丁寧さが増します。ただし、書き言葉では文尾につける場合は、will you の直前にコンマを入れます。
例 Pass me the pepper, will you?（コショウをとってくれますか）

❺ Let's ～（動詞の原形）　　～しましょう

自分も含めて「～しましょう」という提案の最も一般的な表現が、Let's ～です。Let's の 's は us の短縮形で、let us ～（動詞）で「私たちに～させなさい」というのが原義で、本来は命令文です。

STEP 2 次の日本語を英訳しよう

part 1 ～（動詞の原形）
～しなさい

1. もう一度やってみなさい。

2. クッキーをご自由にどうぞ。

3. 楽にしてください。

4. 手ぶらで来てください。

5. お釣りはどうぞ取っておいて。

part 2 Be sure to ～（動詞の原形）
必ず～してください

1. 寝る前に必ず家の戸締まりをしてください。

2. そっちに着いたら必ずメールしてください。

3. 学校へ行く途中必ずこの手紙を投函してください。

4. 庭の花に必ず水をやってください。

5. 毎日必ず猫にエサをあげてください。

1. Give it another try.
2. Help yourself to the cookies.
3. Make yourself at home.
4. Bring yourself.
5. Keep the change.

1. Be sure to lock up the house before going to bed.
2. Be sure to email me when you arrive there.
3. Be sure to post this letter on your way to school.
4. Be sure to water the flowers in the garden.
5. Be sure to feed the cat every day.

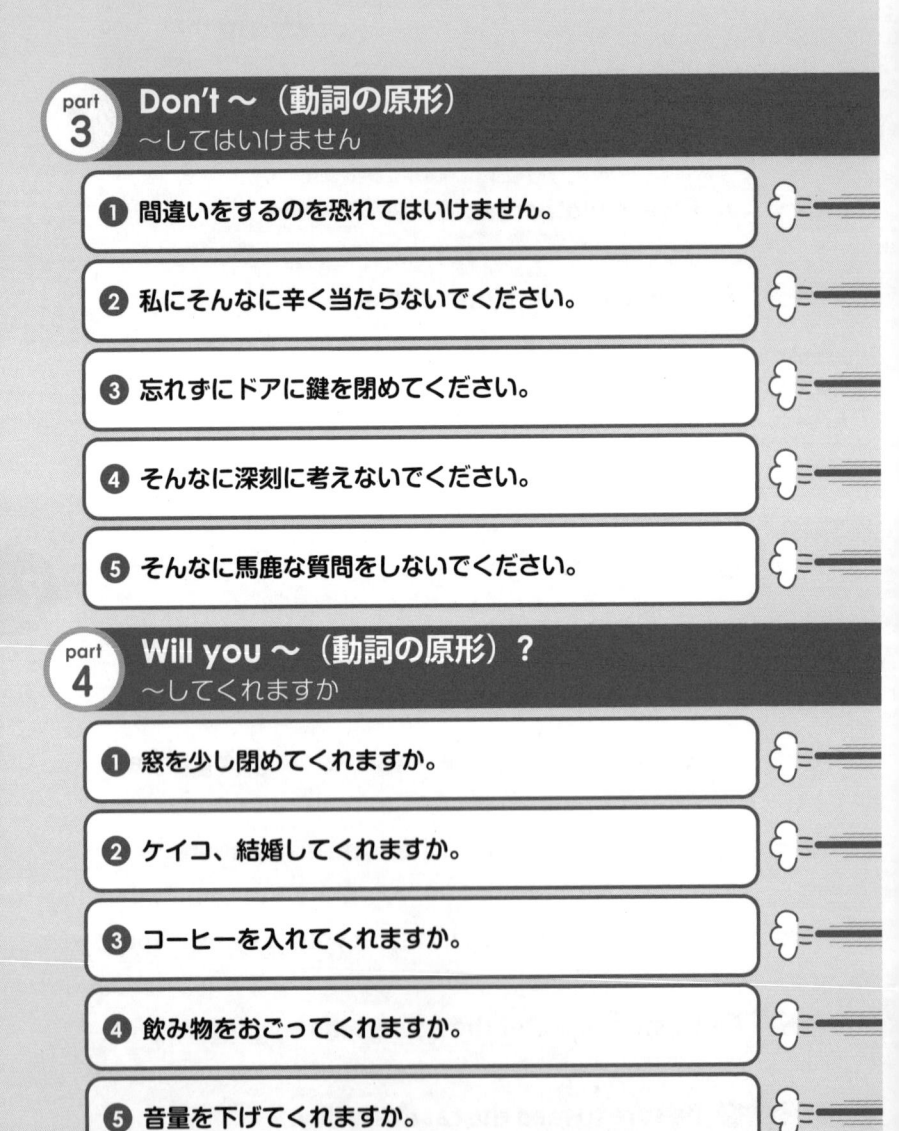

part 3 Don't ～（動詞の原形）
〜してはいけません

1. 間違いをするのを恐れてはいけません。
2. 私にそんなに辛く当たらないでください。
3. 忘れずにドアに鍵を閉めてください。
4. そんなに深刻に考えないでください。
5. そんなに馬鹿な質問をしないでください。

part 4 Will you ～（動詞の原形）？
〜してくれますか

1. 窓を少し閉めてくれますか。
2. ケイコ、結婚してくれますか。
3. コーヒーを入れてくれますか。
4. 飲み物をおごってくれますか。
5. 音量を下げてくれますか。

1. Don't be afraid of making mistakes.
2. Don't be so hard on me.
3. Don't forget to lock the door.
4. Don't take it so seriously.
5. Don't ask me such a silly question.

1. Will you close the window a little?
2. Will you marry me, Keiko?
3. Will you make some coffee?
4. Will you buy me a drink?
5. Will you turn down the volume?

part 5 Let's 〜（動詞の原形）
～しましょう

1. 今夜はみんなで集まりましょう。
2. 今夜は飲んで楽しみましょう。
3. 二次会でカラオケしましょう。
4. 割り勘にしましょう。
5. 今日はこれで終わりにしましょう。

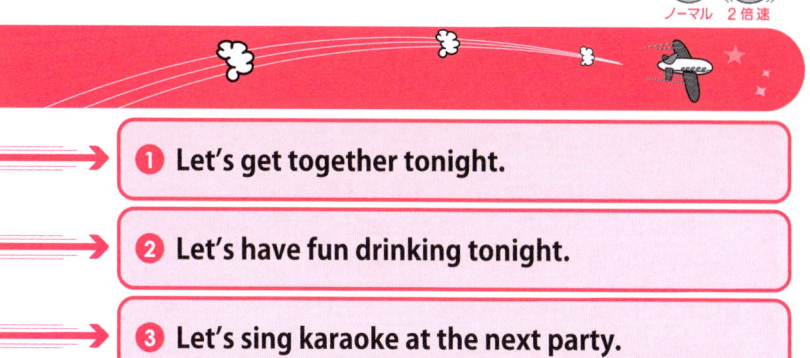

1. Let's get together tonight.
2. Let's have fun drinking tonight.
3. Let's sing karaoke at the next party.
4. Let's split the bill.
5. Let's call it a day.

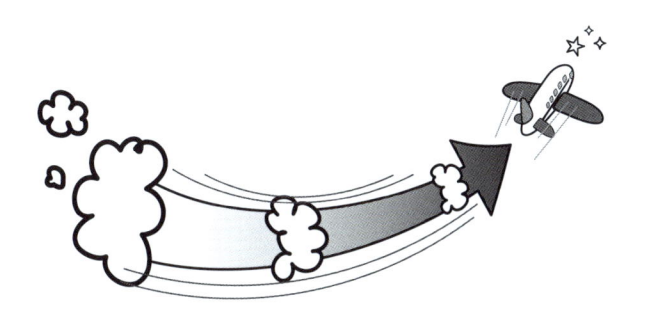

STEP 3

①

- Excuse me, but can you tell me the way to the subway station?
- Sure, let me see, go straight along this street. Turn left at the second traffic light and you'll find it on your right.
- Thank you very much.
- No problem.

- すみませんが、地下鉄の駅に行く道を教えていただけますか。
- はい、ええと、この道をまっすぐ行って2番目の信号を左に曲がれば右手にあります。
- ありがとうございます。
- どういたしまして。

②

- **M**: We're having a barbecue party tonight. Won't you join us?
- **F**: Sounds like fun. I'd like to. Shall I bring anything?
- **M**: There's no need for that. Just bring yourself.

- **M**: 今晩バーベキューをしますが、来ませんか。
- **F**: 楽しそうですね．行きたいです。何か持って行きましょうか。
- **M**: その必要はありません。手ぶらで来てください。

③

- 🇫 **Does this bus stop near the National Museum?**
- Ⓜ **Yes.**
- 🇫 **How long will it take to get there?**
- Ⓜ **About 20 minutes.**
- 🇫 **Will you tell me when to get off?**
- Ⓜ **Certainly.**

- 🇫 このバスは国立博物館の近くに停まりますか。
- Ⓜ はい。
- 🇫 そこまで時間はどれくらいかかりますか。
- Ⓜ だいたい20分くらいです。
- 🇫 いつ降りたらいいか教えてくれますか。
- Ⓜ わかりました。

④

- What's wrong with you?
- I failed the driving test again.
- Cheer up! You can try it again.

- どうしたの？
- また、運転免許の試験に落ちたの。
- 元気出して．またやればいいよ。

⑤

- Well, I have to go now.
- Oh, so soon?
- I have to wake up early tomorrow morning.
- Say hello to your parents, will you?

- そうですね、そろそろお暇しなければ。
- えっ、もう帰るのですか。
- 明日の朝は早く起きなければならないので。
- ご両親によろしく伝えてくださいね。

Lesson 8

STEP 1

be動詞で表現の幅を広める

I'm ~ ing
私は～しています

1 I'm reading a detective story.
推理小説を読んでいます。

2 I'm visiting my parents in my hometown tomorrow.
明日田舎の両親を訪ねるつもりです。

3 I'm going to lose weight for the health.
健康のために減量するつもりです。

4 There is a vending machine on the second floor.
２階に自販機があります。

5 Is there a vacant lot in front of your house?
あなたの家の前に空き地がありますか。

❶ S＋(am, is are)＋〜ing　Sは〜している
現在形のbe(am, is, are)の直後に、動詞の〜ingを続けた形を「現在進行形」と言います。
否定文はbe動詞の直後にnotを入れ、疑問文はbe動詞を文頭に置き、最後に？を付けるだけです。過去形のbe動詞(was, were)の直後に、動詞の〜ingを続けた形を「過去進行形」(〜していた)と言います。

❷ S＋(am, is are)＋〜ing tomorrow
　　Sは明日〜するつもりです
現在進行形の最後に、tomorrow（明日）やthis week（今週）などの近い未来を表す副詞がつくと、これからの予定を表します。

❸ S＋(am, is are)＋going to〜(動詞の原形)
　　Sは〜するつもりです
意思を表す助動詞のwillと同じような意味を持つ表現がbe going to〜(動詞)です。両者の基本的な違いは前者が、その場で決めた意思であるのに対して、後者は前々から決めていた意思という点にあります。

❹ There is〜　〜があります、〜がいます
人や物が漠然と「〜にある」とか「〜にいる」という状態を表す表現です。この場合、文尾に場所を表す語句が置かれます。複数ある場合はThere areで始まり、その後に複数形の名詞が続きます。

❺ Is there〜？　〜がありますか、〜がいますか
There is〜構文の疑問文はthereを形式上の主語と考え、isを文頭に出し、最後に？を付ければＯＫです。暗に複数の答えを求める場合には、Is there〜ではなく、Are there any〜（複数形の名詞）？で表します。

STEP 2 次の日本語を英訳しよう

part 1 I'm ～ ing
私は～しています

1. 今日のプレゼンの準備をしています。
2. ヨーコと付き合っています。
3. ポチのために犬小屋を造っています。
4. ウォークマンで音楽を聴いています。
5. 東京のアパートに仮住まいをしています。

part 2 I was ～ ing.
私は～していました

1. 海岸をぶらぶらしていました。
2. 学食で昼食を取っていました。
3. 皇居の周りをジョギングしていました。
4. テレビでホラー映画を観ていました。
5. ソファで居眠りをしていました。

1. I'm preparing for today's presentation.
2. I'm going out with Yoko.
3. I'm building a doghouse for Pochi.
4. I'm listening to music on my Walkman.
5. I'm temporarily living in an apartment in Tokyo.

8

1. I was taking a stroll along the beach.
2. I was having lunch in the school cafeteria.
3. I was jogging around the Imperial Palace.
4. I was watching a horror movie on TV.
5. I was taking a nap on the sofa.

part 3 I'm ~ing … (未来の副詞)
私は…に~します

1. 来週この国を発ちます。
2. 明日シドニーに向かいます。
3. 今晩セイコとデートします。
4. 正午頃成田空港に到着します。
5. 明日の晩は妻と外食します。

part 4 I'm going to ~ (動詞の原形)
私は~するつもりです

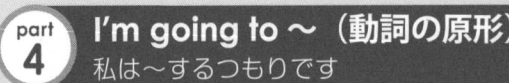

1. 出張で北海道に飛ぶつもりです。
2. 明日は休暇を取るつもりです。
3. 健康診断に向けて減量するつもりです。
4. 酒の量を減らすつもりです。
5. 健康のために禁煙するつもりです。

1. I'm leaving this country next week.
2. I'm leaving for Sydney tomorrow.
3. I'm having a date with Seiko this evening.
4. I'm arriving at Narita Airport around noon.
5. I'm eating out with my wife tomorrow night.

8

1. I'm going to fly to Hokkaido on business.
2. I'm going to take a day off tomorrow.
3. I'm going to lose weight for a medical check-up.
4. I'm going to cut down on my drinking.
5. I'm going to quit smoking for my health.

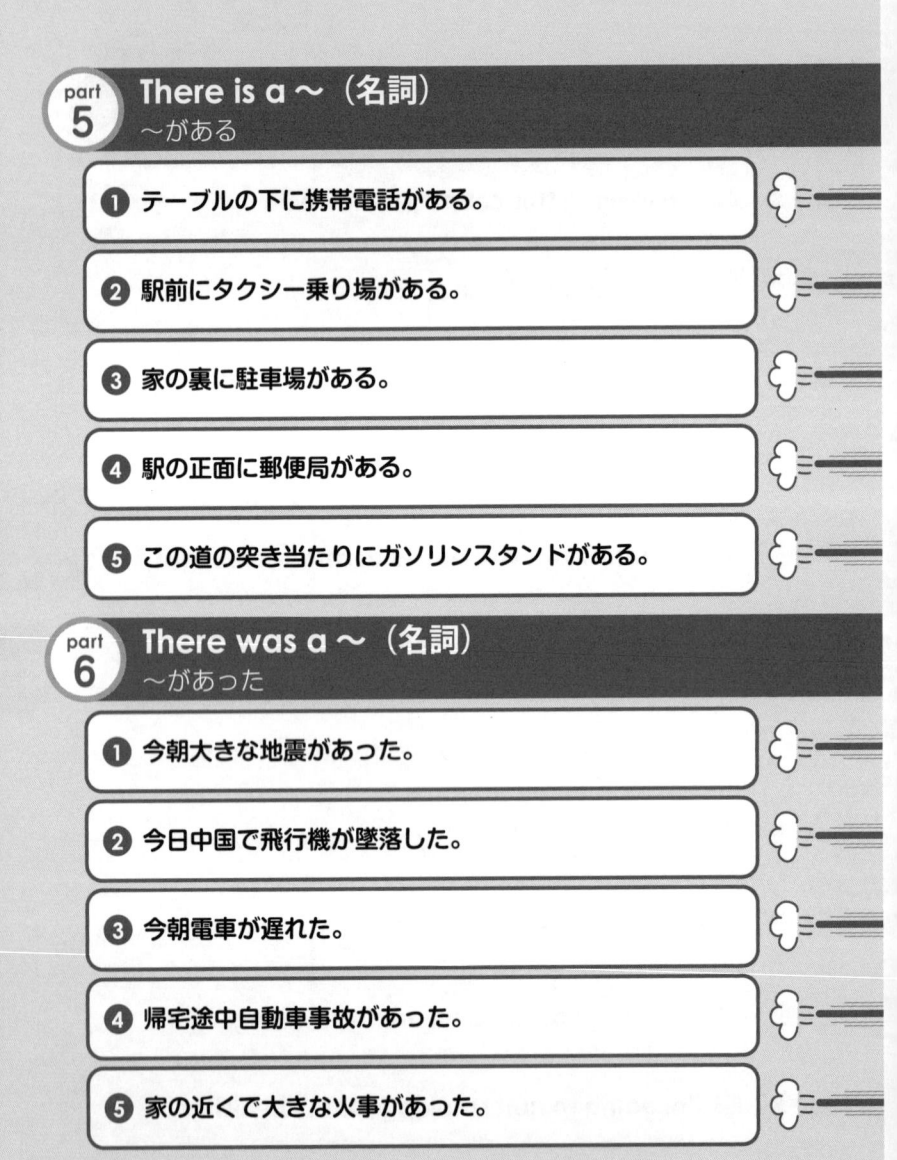

part 5 There is a ~ (名詞)
～がある

1. テーブルの下に携帯電話がある。
2. 駅前にタクシー乗り場がある。
3. 家の裏に駐車場がある。
4. 駅の正面に郵便局がある。
5. この道の突き当たりにガソリンスタンドがある。

part 6 There was a ~ (名詞)
～があった

1. 今朝大きな地震があった。
2. 今日中国で飛行機が墜落した。
3. 今朝電車が遅れた。
4. 帰宅途中自動車事故があった。
5. 家の近くで大きな火事があった。

1. There is a cell phone under the table.
2. There is a taxi stand in front of the station.
3. There is a parking lot behind my house.
4. There is a post office across from the station.
5. There is a gas station at the end of this road.

8

1. There was a big earthquake this morning.
2. There was a plane crash in China today.
3. There was a train delay this morning.
4. There was a car accident on my way home.
5. There was a big fire near my house.

part 7 Is there a 〜 ?
〜はありますか

① 駅の近くにすし屋はありますか。

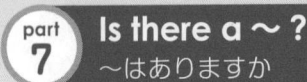

② この近くに郵便ポストはありますか。

③ この町に映画館はありますか。

④ この辺にカジノはありますか。

⑤ ホテルの近くにコンビニがありますか。

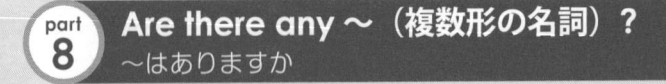

part 8 Are there any 〜 （複数形の名詞）？
〜はありますか

① 私に伝言はありますか。

② この時間帯に開いているレストランはありますか。

③ 今夜おもしろいテレビ番組はありますか。

④ この辺に飲み屋はありますか。

⑤ お手頃な料金のレストランは近くにありますか。

1. Is there a sushi bar near the station?
2. Is there a mail box near here?
3. Is there a movie theater in this town?
4. Is there a casino around here?
5. Is there a convenience store near the hotel?

8

1. Are there any messages for me?
2. Are there any restaurants open at this time?
3. Are there any interesting TV programs on tonight?
4. Are there any bars around here?
5. Are there any reasonable restaurants nearby?

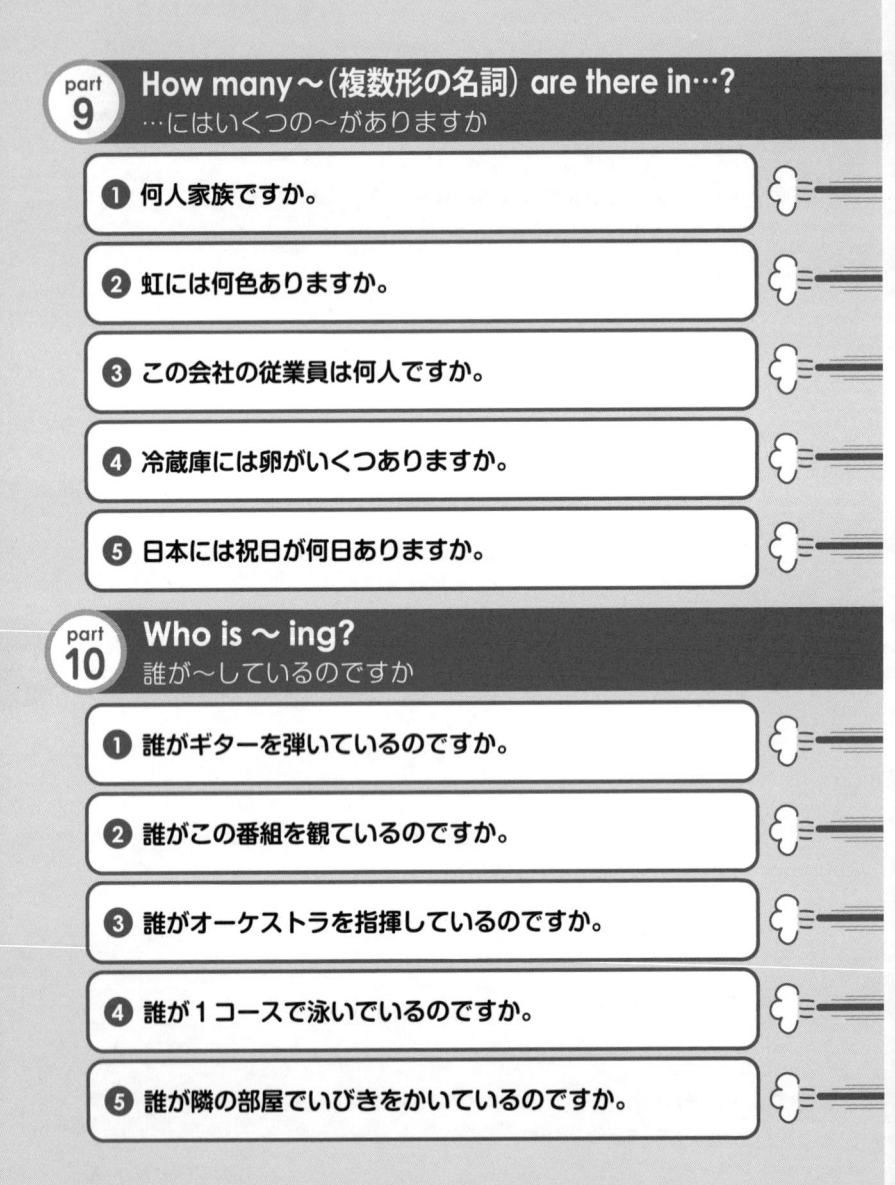

part 9 — How many ～(複数形の名詞) are there in…?
…にはいくつの～がありますか

1. 何人家族ですか。
2. 虹には何色ありますか。
3. この会社の従業員は何人ですか。
4. 冷蔵庫には卵がいくつありますか。
5. 日本には祝日が何日ありますか。

part 10 — Who is ～ing?
誰が～しているのですか

1. 誰がギターを弾いているのですか。
2. 誰がこの番組を観ているのですか。
3. 誰がオーケストラを指揮しているのですか。
4. 誰が1コースで泳いでいるのですか。
5. 誰が隣の部屋でいびきをかいているのですか。

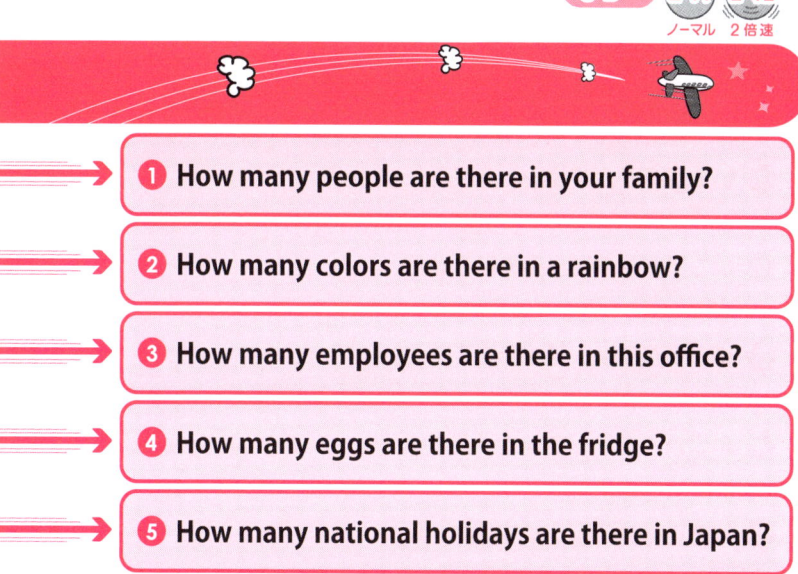

1. How many people are there in your family?
2. How many colors are there in a rainbow?
3. How many employees are there in this office?
4. How many eggs are there in the fridge?
5. How many national holidays are there in Japan?

8

1. Who is playing the guitar?
2. Who is watching this program?
3. Who is conducting the orchestra?
4. Who is swimming in the first lane?
5. Who is snoring in the next room?

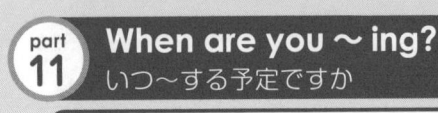

part 11 When are you ~ ing?
いつ〜する予定ですか

1. いつ戻る予定ですか。
2. いつアパートを出る予定ですか。
3. いつ埼玉に引っ越す予定ですか。
4. いつパーティーを開く予定ですか。
5. いつ結婚する予定ですか。

part 12 What are you ~ ing?
何を〜しているのですか

1. 何を探しているのですか。
2. 何のことを言っているのですか。
3. 何を考えているのですか。
4. 何が言いたいのですか。
5. 何をぶつぶつ言っているのですか。

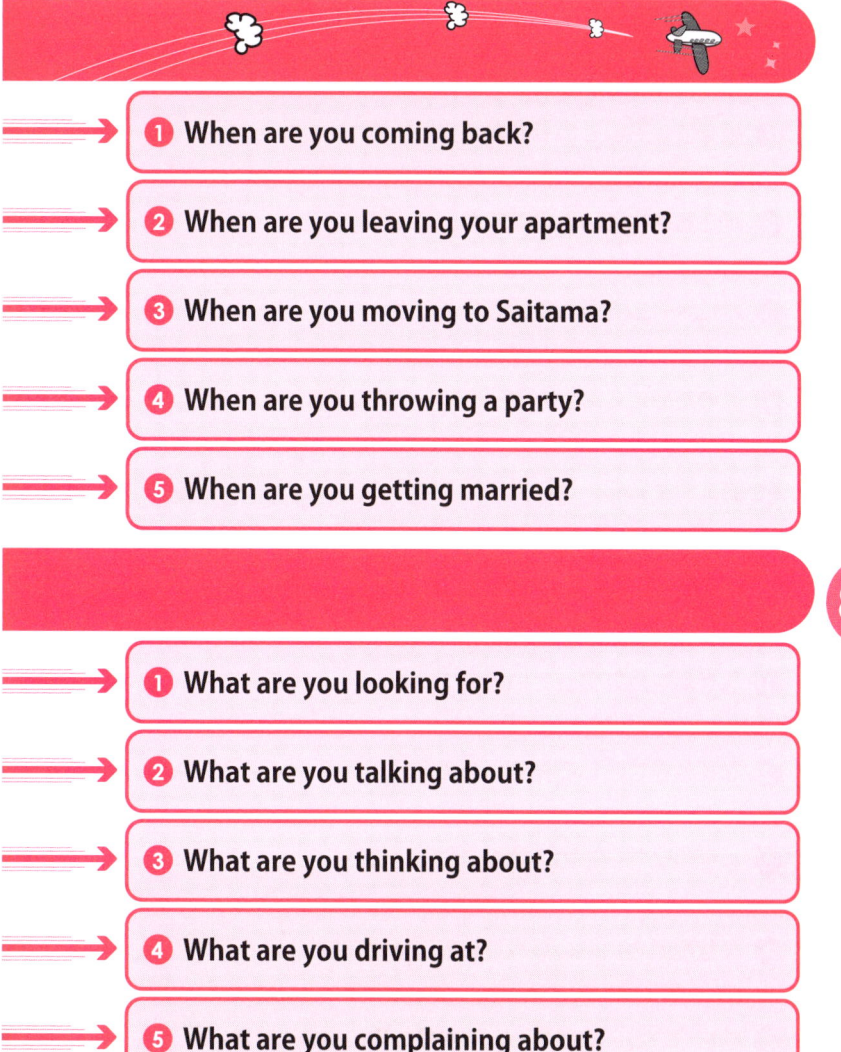

- ① When are you coming back?
- ② When are you leaving your apartment?
- ③ When are you moving to Saitama?
- ④ When are you throwing a party?
- ⑤ When are you getting married?

8

- ① What are you looking for?
- ② What are you talking about?
- ③ What are you thinking about?
- ④ What are you driving at?
- ⑤ What are you complaining about?

part 13 Who are you ~ ing?
誰と（に）～していますか

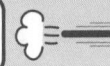

1. 誰を待っているのですか。
2. 誰と話をしているのですか。
3. 誰にメールを送っているのですか。
4. 誰のためにこのセーターを編んでいるのですか。
5. 誰とディズニーランドに行くのですか。

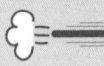

part 14 Why are you ~ ing?
なぜ～しているのですか

1. なぜ私を見て笑っているのですか。
2. なぜ私をじろじろ見ているのですか。
3. なぜ泣いているのですか。
4. なぜ授業中におしゃべりしているのですか。
5. なぜいつもテレビゲームばかりしているのですか。

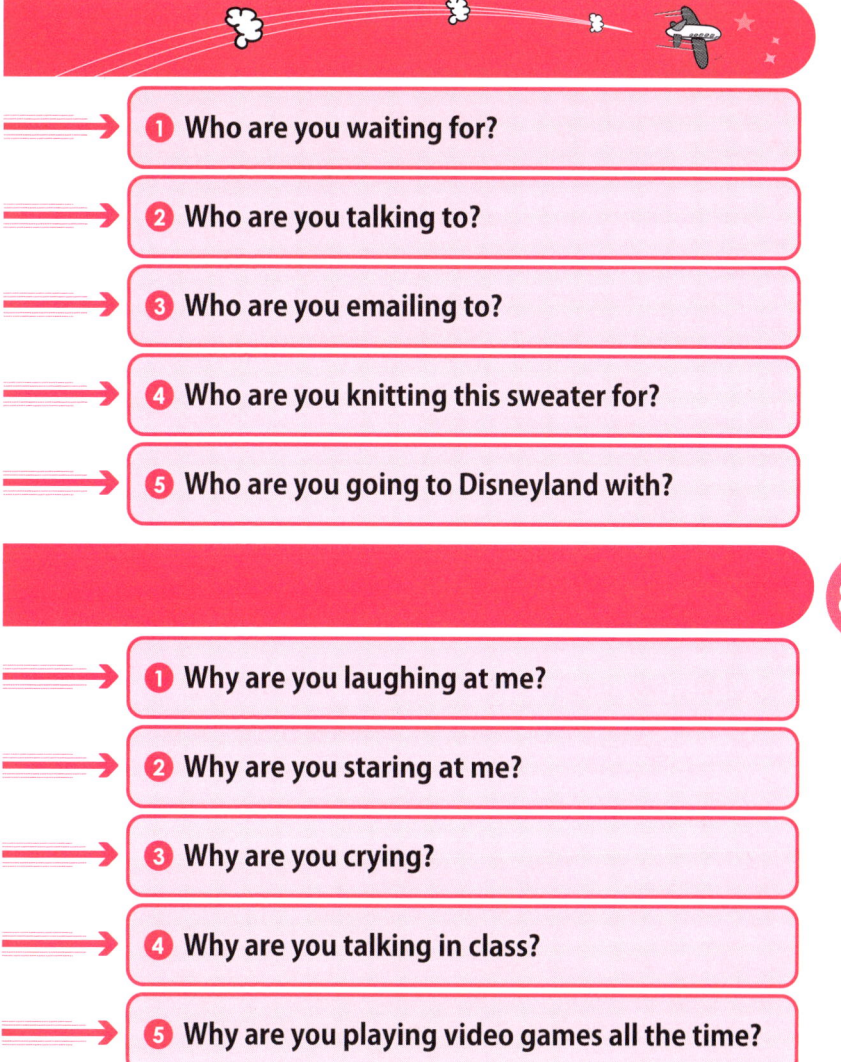

1. Who are you waiting for?
2. Who are you talking to?
3. Who are you emailing to?
4. Who are you knitting this sweater for?
5. Who are you going to Disneyland with?

8

1. Why are you laughing at me?
2. Why are you staring at me?
3. Why are you crying?
4. Why are you talking in class?
5. Why are you playing video games all the time?

STEP 3

①

- **What are you doing now?**
- I'm watching a movie on DVD.
- **Do you have any plans for this evening?**
- I have nothing special.
- **I'm having a birthday party for my sister at home. Would you like to come?**
- I wish I could, but I have to finish my homework by tomorrow.

- 今何をしていますか。
- DVD で映画を観ています。
- 今晩の予定は何かありますか。
- 特にありません。
- 家で妹の誕生パーティーをするけど来ませんか。
- 行きたいのですが、明日までに宿題を終わらせなくてはいけないので。

②

- **What are you doing this evening?**
- I'm going to the movies. Do you want to come with me?
- **Yes, I'd love to.**
- Then, I'll pick you up at around six.
- **By the way, what's on at the theater?**
- Alice in Wonderland.

- 今晩何をする予定ですか。
- 映画に行くつもりですが、一緒に来ない？
- はい、行きたいです。
- じゃあ、6時に迎えに行くね。
- ところで、今何を上映しているの？
- 『不思議の国のアリス』だよ。

③

- Are you going anywhere this summer?
- I'm thinking of going to Hawaii on a tour. How about you?
- I was also thinking of going to Hawaii. Can I join you?
- Of course.

- 今年の夏はどこかに行きますか。
- ツアーでハワイに行こうと思っているのですが、あなたは？
- 私もハワイへ行こうと思っていました。一緒に行ってもいいですか。
- もちろん。

④

- When are you getting married?
- I haven't decided yet, but maybe next year.
- Where are you going on honeymoon?
- I'd like to go to Hong Kong and eat a lot of delicious food.

- いつ結婚する予定ですか。
- まだ決めていませんが、多分来年ですかね。
- 新婚旅行はどこに行きますか。
- 香港に行って美味しいものをたくさん食べたいです。

⑤

- How are you doing?
- Pretty good, thanks. How about you?
- Fine, thank you.

- 調子はどう？
- とてもいいです。あなたは？
- 元気です、ありがとう。

6

- Is there a French restaurant near here?
- There's a nice one just in front of the hotel.
- Can you make a reservation here?
- Certainly. What time and how many in your party?
- A table for four at seven o'clock, please.

- この近くにフランス料理店はありますか。
- ホテルの前に素敵な店が一軒あります。
- ここで予約できますか。
- かしこまりました。何時から何名様ですか。
- 7時から4名でお願いします。

⑦

- **M** Are there any restaurants open at this time?
- **F** I'm afraid almost all the restaurants are closed.
- **M** Is there a convenience store near the hotel?
- **F** Yes, there's one right in front of the hotel.
- **M** Then, I'll go and get something to eat.

- **M** 今の時間帯にやっているレストランはありますか。
- **F** ほとんどの店は閉まっていると思いますが。
- **M** ホテルの近くにコンビニはありますか。
- **F** 真ん前に一軒あります。
- **M** じゃあ、食べ物を買いに行ってきます。

Lesson 9

STEP 1

助動詞をマスターする（1）

I'll ＋ ～（動詞の原形）
私は～するつもりです

① I'll try my best.
私は最善を尽くします。

② I can speak English and German.
私は英語とドイツ語を話すことができます。

③ I have to catch the 8:30 train this morning.
今朝8時30分の電車に乗らなければなりません。

④ You must be tired after the long drive.
長時間運転したから、さぞかし疲れているでしょう。

⑤ She may come late to the office.
彼女は会社に遅刻してくるかもしれません。

❶ S will ～（動詞の原形）
　 S は～するでしょう、S は～します
助動詞は動詞の意味に表現の幅を持たせる役割を果たし、共に使われる動詞は常に原形で使われます。まずは、will ですが、これは命令文の時にもすでに登場しましたが、基本的には「～でしょう」という推量や「～します」という意思を表します。

❷ S can ～（動詞の原形）　　S は～できます
can の基本は「～できる」です。否定形は can't, cannot ～（動詞の原形）で、You can't ～は「～することができません」から「～してはいけません」という禁止を表すことになります。逆に You can ～なら「～してもいい」という許可に、Can I ～? は「～してもいいですか」という許可を求める文に、Can you ～? は「～できますか」から「～してくれますか」という依頼を表す文になります。

❸ S have to ～（動詞の原形）
　 S は～しなければならない
have to ～（動詞の原形）（主語が 3 人称で単数の場合は has to）は「～しなければならない」という義務を表します。否定文は have を一般動詞扱いにして、don't have to ～となります。

❹ S must ～（動詞の原形）
　 S は～しなければならない、S は～に違いない
助動詞 must は have to ～と同じように「義務」を表しますが、「～に違いない」という断定の用法もあります。この場合、ほとんどが直後に be を伴います。

❺ S may ～（動詞の原形）　　S は～かもしれない
客室乗務員の「皆様にご案内申し上げます」が May I have your attention, please? と言うように、May I ～? は改まった場面で許可を求める表現ですが、may には「～かもしれない」という推量の意味もあります。

STEP 2 次の日本語を英訳しよう

part 1　I'll ～（動詞の原形）
～します

1. 来週 30 歳になります。

2. すぐにそこに行きます。

3. できるだけ早く連絡します。

4. 念のために傘を持って行きます。

5. 遅かれ早かれ追いつきます。

part 2　Can you ～（動詞の原形）？
～できますか、～してくれますか

1. 1キロ以上泳ぐことができますか。

2. 4時間以内でマラソンを走れますか。

3. いつでもうちに来られますか。

4. 値引きしてくれますか。

5. 銀行までの行き方を教えてくれますか。

1. I'll be thirty years old next week.
2. I'll be there in a minute.
3. I'll get in touch with you as soon as possible.
4. I'll take my umbrella just in case.
5. I'll catch up with you sooner or later.

1. Can you swim more than one kilometer?
2. Can you run a marathon in four hours?
3. Can you come to my place any time?
4. Can you give me a discount?
5. Can you tell me the way to the bank?

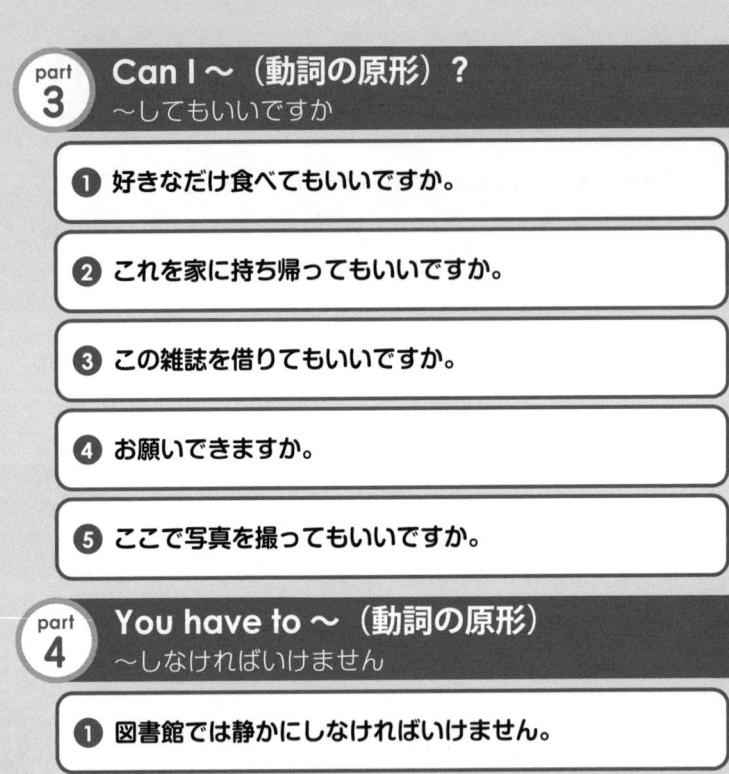

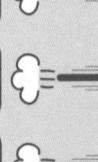

part 3　Can I ～（動詞の原形）?
〜してもいいですか

1. 好きなだけ食べてもいいですか。
2. これを家に持ち帰ってもいいですか。
3. この雑誌を借りてもいいですか。
4. お願いできますか。
5. ここで写真を撮ってもいいですか。

part 4　You have to ～（動詞の原形）
〜しなければいけません

1. 図書館では静かにしなければいけません。
2. この国では車は左側通行です。
3. あなたはホテルの予約をしなければなりません。
4. あなたは夜中の12時までに戻ってこなければいけません。
5. それは秘密にしておかなければいけません。

1. Can I eat as much as I like?
2. Can I bring this home?
3. Can I borrow this magazine?
4. Can I ask you a favor?
5. Can I take a picture here?

1. You have to keep quiet in the library.
2. You have to drive on the left in this country.
3. You have to make a reservation for the hotel.
4. You have to come back by twelve midnight.
5. You have to keep it a secret.

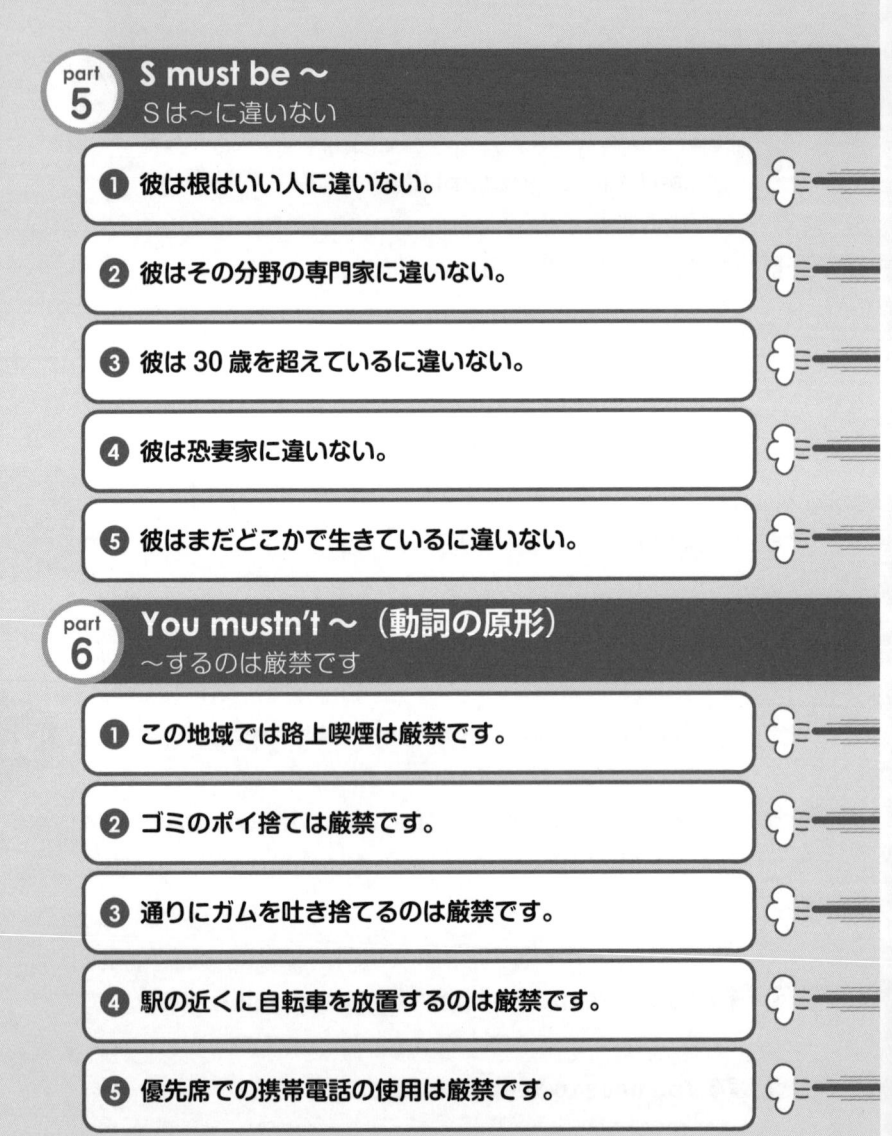

part 5 S must be ～
Sは～に違いない

① 彼は根はいい人に違いない。

② 彼はその分野の専門家に違いない。

③ 彼は30歳を超えているに違いない。

④ 彼は恐妻家に違いない。

⑤ 彼はまだどこかで生きているに違いない。

part 6 You mustn't ～（動詞の原形）
～するのは厳禁です

① この地域では路上喫煙は厳禁です。

② ゴミのポイ捨ては厳禁です。

③ 通りにガムを吐き捨てるのは厳禁です。

④ 駅の近くに自転車を放置するのは厳禁です。

⑤ 優先席での携帯電話の使用は厳禁です。

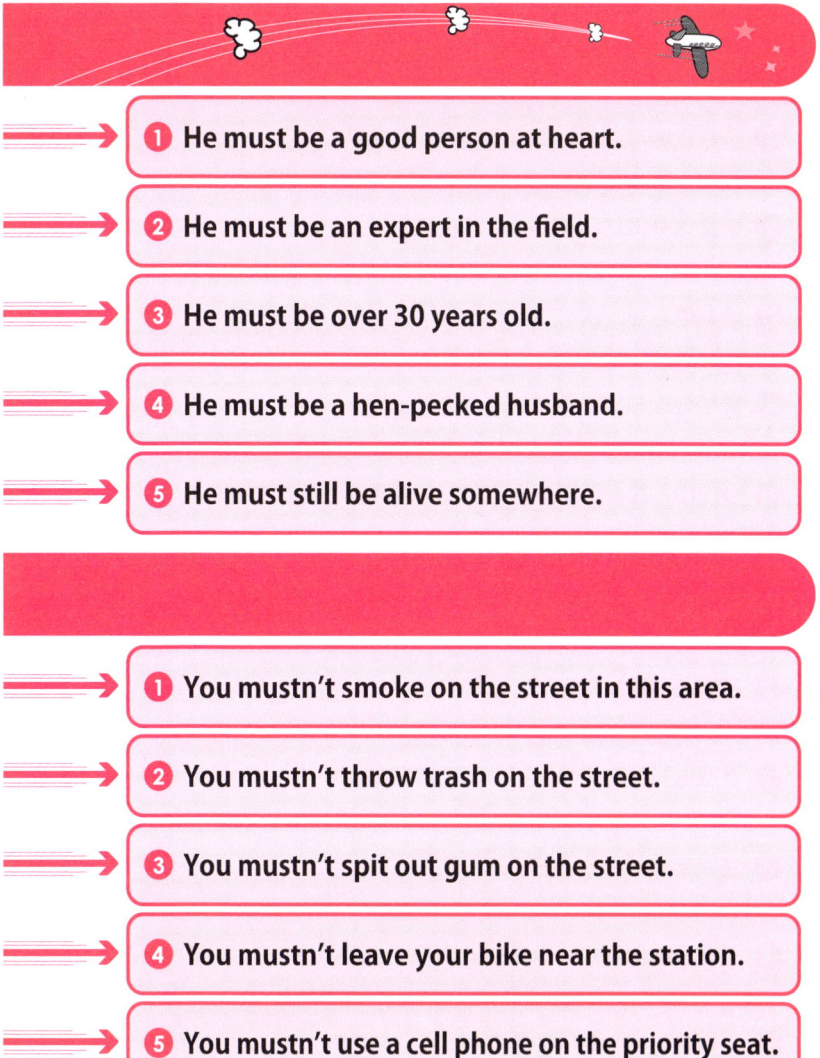

1. He must be a good person at heart.
2. He must be an expert in the field.
3. He must be over 30 years old.
4. He must be a hen-pecked husband.
5. He must still be alive somewhere.

1. You mustn't smoke on the street in this area.
2. You mustn't throw trash on the street.
3. You mustn't spit out gum on the street.
4. You mustn't leave your bike near the station.
5. You mustn't use a cell phone on the priority seat.

part 7 S may ~（動詞の原形）
Sは～かもしれない

1. 彼は会議に遅刻して来るかもしれません。
2. 彼女は今家にいるかもしれません。
3. 彼女はあなたよりちょっと若いかもしれません。
4. 妻は妊娠しているかもしれません。
5. 今日の午後から関東地方で雪が降るかもしれません。

part 8 May I ~（動詞の原形）?
～してもいいですか

1. これを試着してもいいですか。
2. 携帯電話をお借りしてもいいですか。
3. 注文をお伺いしてもいいですか。
4. どちらの出身か聞いてもいいですか。
5. お歳を聞いてもいいですか。

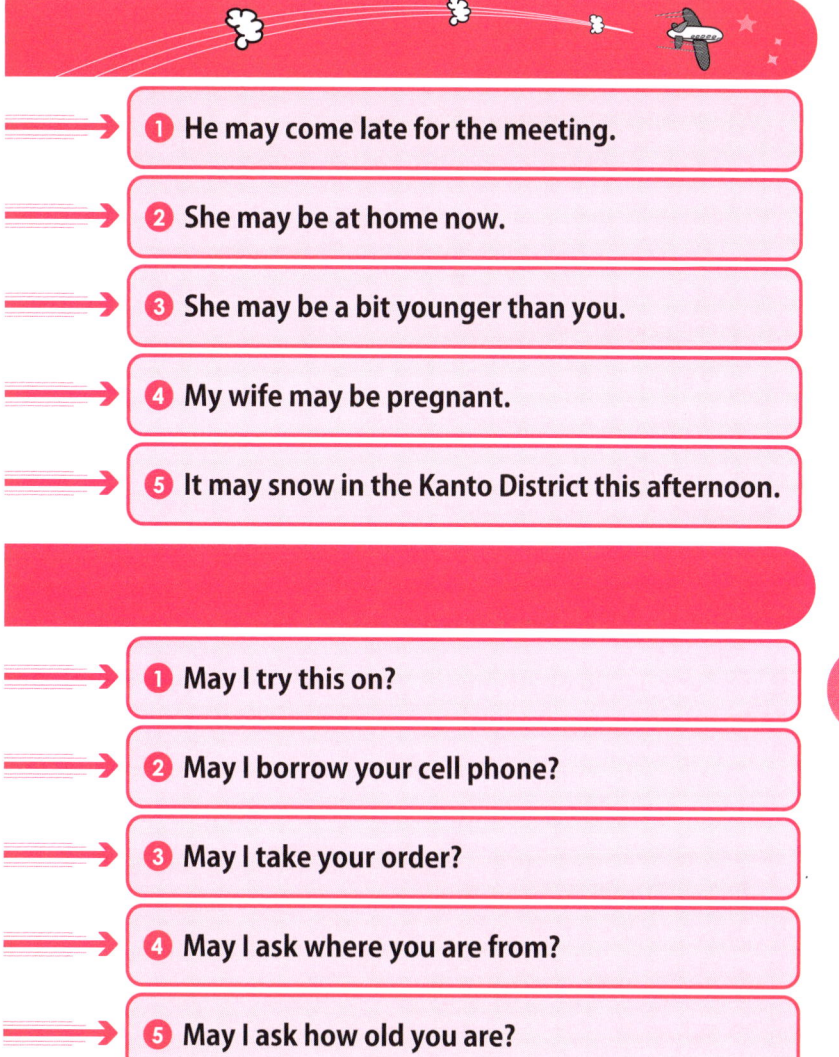

1. He may come late for the meeting.
2. She may be at home now.
3. She may be a bit younger than you.
4. My wife may be pregnant.
5. It may snow in the Kanto District this afternoon.

1. May I try this on?
2. May I borrow your cell phone?
3. May I take your order?
4. May I ask where you are from?
5. May I ask how old you are?

STEP 3

1

- What time will you be home today?
- I think I'll be home before nine.
- Will you call me if you come home late.
- OK.

- 今日は何時に帰宅しますか。
- 9時前には帰ると思います。
- もし遅くなるなら電話くれますか。
- わかりました。

2

- Can you do me a favor?
- Sure, I'll do anything for you.
- Can I borrow one million yen?
- With pleasure.

- お願いを聞いてもらえますか。
- はい、何でもしますよ。
- 100万円貸してくれますか。
- 喜んで。

③

- How many foreign languages can you speak besides English?
- Four languages.
- What languages do you speak?
- French, Spanish, Italian and German.
- How did you learn them?
- Mostly by radio.

- 英語以外に何カ国語を話せますか。
- ４カ国語です。
- 何語ですか。
- フランス語、スペイン語、イタリア語とドイツ語です。
- どうやって学びましたか。
- 主にラジオです。

4

- May I ask how old you are?
- How old do you think I am?
- I guess you're under 40.
- To tell the truth, I'm 45 years old.

- 年齢をお聞きしてもよろしいですか。
- 何歳だと思いますか。
- 40 歳前だと思います。
- 実は 45 歳です。

5

- What time do I have to be here tomorrow?
- You'll have to be here by 7 a.m. at the latest.
- OK. I'll take the first train tomorrow.

- 明日は何時にここに来なくてはいけませんか。
- 遅くとも 7 時までには来てください。
- わかりました。明日は始発に乗ります。

⑥

🇫 How can I get to Harajuku Station?

Ⓜ Take the Yamanote Line.

🇫 Do I have to change trains?

Ⓜ No, you don't have to. Take the train for Shinjuku.

🇫 原宿の駅までどうやって行けばいいですか。

Ⓜ 山手線に乗ってください。

🇫 乗り換えはしなくでもいいですか。

Ⓜ いや、その必要はありません．新宿方面の電車に乗ってください。

Lesson 10

STEP 1

助動詞をマスターする(2)

I'd like to ～（動詞の原形）
私は～したいです

① I'd like a coffee, please.
コーヒーを一杯お願いします。

② Shall I get you a drink?
飲み物を持って来ましょうか。

③ You should be careful with that girl.
あの女の子には気をつけた方がいいです。

④ I used to go fishing in the river with my father.
父とよく川に釣りに行ったものです。

⑤ Could I use this computer?
このコンピュータを使ってもいいですか。

❶ I'd like 〜（名詞）　　〜をお願いします

I'd like 〜の'd は would の短縮形で、「もしできれば〜したいのですが」という丁寧な願望表現で、ホテルやレストランなど改まった場で使います。また、物を勧める時にも Would you like 〜？（〜はいかがですか）で多用されます。

❷ Shall I 〜（動詞の原形）？　　〜しましょうか

「〜しましょうか」と相手に申し出る時の丁寧な表現が Shall I 〜（動詞の原形）？です。親しい仲間同士では Do you want me to 〜（動詞の原形）？が普通です。また、相手を誘う時の丁寧な表現が Shall we 〜（動詞の原形）？（〜しましょうか）です。

❸ S should 〜（動詞の原形）　　S は〜すべきである

must や have to は強制的な命令を表しますが、should は個人的に感じる義務を表すので必ずしもその行為が行われるわけではありません。つまり、アドバイスの表現として頻繁に使われます。

❹ S used to 〜（動詞の原形）
　　S は〜でした、S は〜したものです

過去の規則的な習慣や状態を表す助動詞が used to 〜（動詞の原形）です。

❺ Could I 〜（動詞の原形）？　　〜してもいいですか

Will you 〜？（〜してくれますか）の代わりに Would you 〜？また Can I 〜？（〜してもいいですか）の代わりに Could I 〜？のように、それぞれの助動詞の過去形を使うことによって、丁寧さを増すことができます。

STEP 2 次の日本語を英訳しよう

part 1 I'd like ～（名詞）, please
～をお願いします

1. 通路側の席をお願いします。
2. 右の窓側の席をお願いします。
3. 今日のスペシャルをお願いします。
4. お勘定をお願いします。
5. 明日の6時にモーニングコールをお願いします。

part 2 Would you like ～（名詞）?
～はいかがですか

1. 飲み物はいかがですか。
2. ビールを一杯いかがですか。
3. 紅茶かコーヒーはいかがですか。
4. コーヒーをもっといかがですか。
5. ビールかワインはいかがですか。

1. I'd like an aisle seat, please.
2. I'd like a window seat on the right, please.
3. I'd like today's special, please.
4. I'd like the check, please.
5. I'd like a wake-up call at six tomorrow morning, please.

1. Would you like a drink?
2. Would you like a beer?
3. Would you like tea or coffee?
4. Would you like some more coffee?
5. Would you like beer or wine?

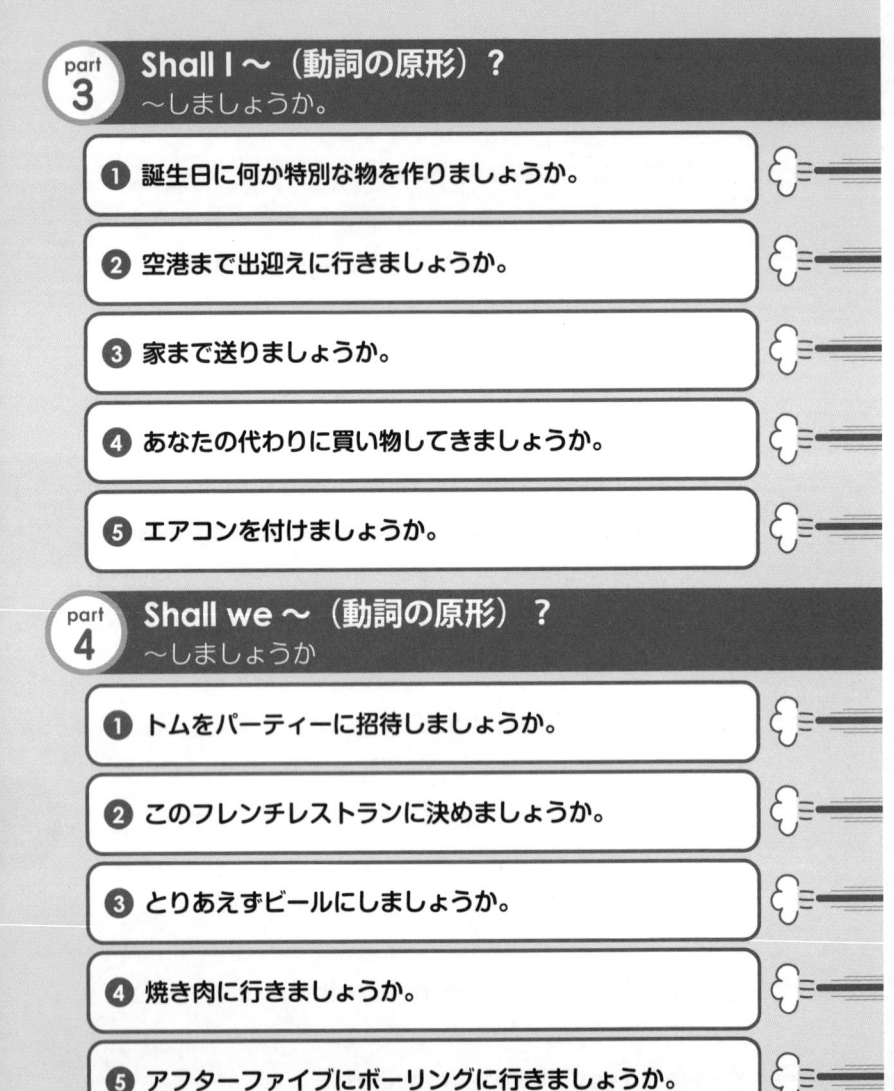

part 3 Shall I ～（動詞の原形）？
～しましょうか。

1. 誕生日に何か特別な物を作りましょうか。

2. 空港まで出迎えに行きましょうか。

3. 家まで送りましょうか。

4. あなたの代わりに買い物してきましょうか。

5. エアコンを付けましょうか。

part 4 Shall we ～（動詞の原形）？
～しましょうか

1. トムをパーティーに招待しましょうか。

2. このフレンチレストランに決めましょうか。

3. とりあえずビールにしましょうか。

4. 焼き肉に行きましょうか。

5. アフターファイブにボーリングに行きましょうか。

1. Shall I fix you something special for your birthday?
2. Shall I pick you up at the airport?
3. Shall I drive you home?
4. Shall I do the shopping for you?
5. Shall I turn on the air conditioner?

1. Shall we invite Tom to the party?
2. Shall we settle on this French restaurant?
3. Shall we start off with a beer?
4. Shall we go out for some Korean barbecue?
5. Shall we go bowling after work?

part 5 You should ~ （動詞の原形）
～するべきです

1. すぐに医者に診てもらうべきです。
2. 上司にアドバイスを求めるべきです。
3. もっと果物と野菜を食べるべきです。
4. もっとビタミンCを摂って水をたくさん飲むべきです。
5. あぶら肉を食べるのは避けるべきです。

part 6 You shouldn't ~ （動詞の原形）
～するべきではありません

1. そんなにすぐにあきらめるべきではありません。
2. 彼に謝るべきではありません。
3. それを誰にも言うべきではありません。
4. 他人の悪口を言うべきではありません。
5. この国ではスープは音を立てて飲むべきではありません。

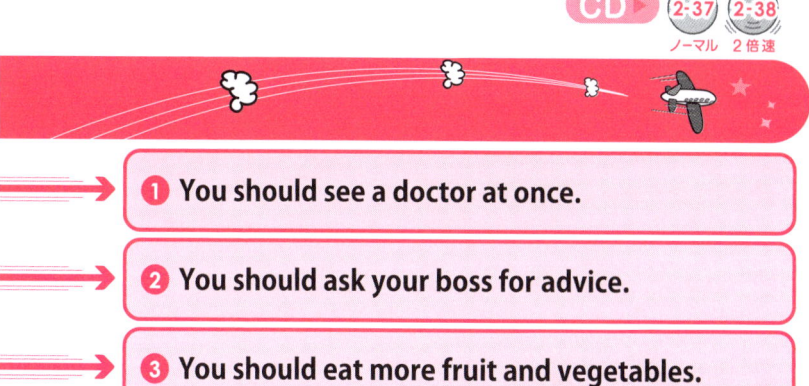

1. You should see a doctor at once.
2. You should ask your boss for advice.
3. You should eat more fruit and vegetables.
4. You should take more vitamin C and drink a lot of water.
5. You should avoid eating fatty meat.

1. You shouldn't give up so soon.
2. You shouldn't apologize to him.
3. You shouldn't tell it to anybody.
4. You shouldn't say bad things about others.
5. You shouldn't slurp your soup in this country.

part 7 I used to ~ （動詞の原形）
昔は～でした

1. 昔は髪を伸ばしていました。
2. 昔はヘビースモーカーでしたが今は吸いません。
3. 昔は元日に凧を揚げたものでした。
4. 子どもの頃、近所の銭湯に行ったものでした。
5. 昔は野菜が嫌いでしたが今は大好きです。

part 8 There used to be ~ （名詞）
昔は～がありました

1. 昔は角に本屋がありました。
2. 昔は駅の周辺に銀行がたくさんありました。
3. 昔はここに遊園地がありました。
4. 昔はこの辺に野球場がありました。
5. 昔は駅前に何軒か喫茶店がありました。

1. I used to have long hair.
2. I used to smoke a lot, but now I don't.
3. I used to fly a kite on New Year's Day.
4. I used to go to a public bath nearby as a child.
5. I used to hate vegetables but now I love them.

1. There used to be a bookstore at the corner.
2. There used to be a lot of banks around the station.
3. There used to be an amusement park here.
4. There used to be a ballpark around here.
5. There used to be some coffee shops in front of the station.

part 9 Could you ~ （動詞の原形）？
~してくれますか

1. 一緒に写真に写ってもらえますか。
2. この地図のどこにいるか教えてくれますか。
3. 郵便局までの道を教えてくれますか。
4. お願いを聞いてもらえますか。
5. レポートを手伝ってくれますか。

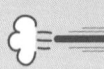

part 10 How would you like your ~ ? ~はどうしますか
I'd like my ~…, please. ~を…でお願いします

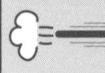

1. ステーキの焼き具合はいかがいたしますか。
   ―ミディアムでお願いします。

2. 卵はいかがいたしますか。
   ―目玉焼きでお願いします。

3. 紅茶はいかがいたしますか。
   ―ミルクティーでお願いします。

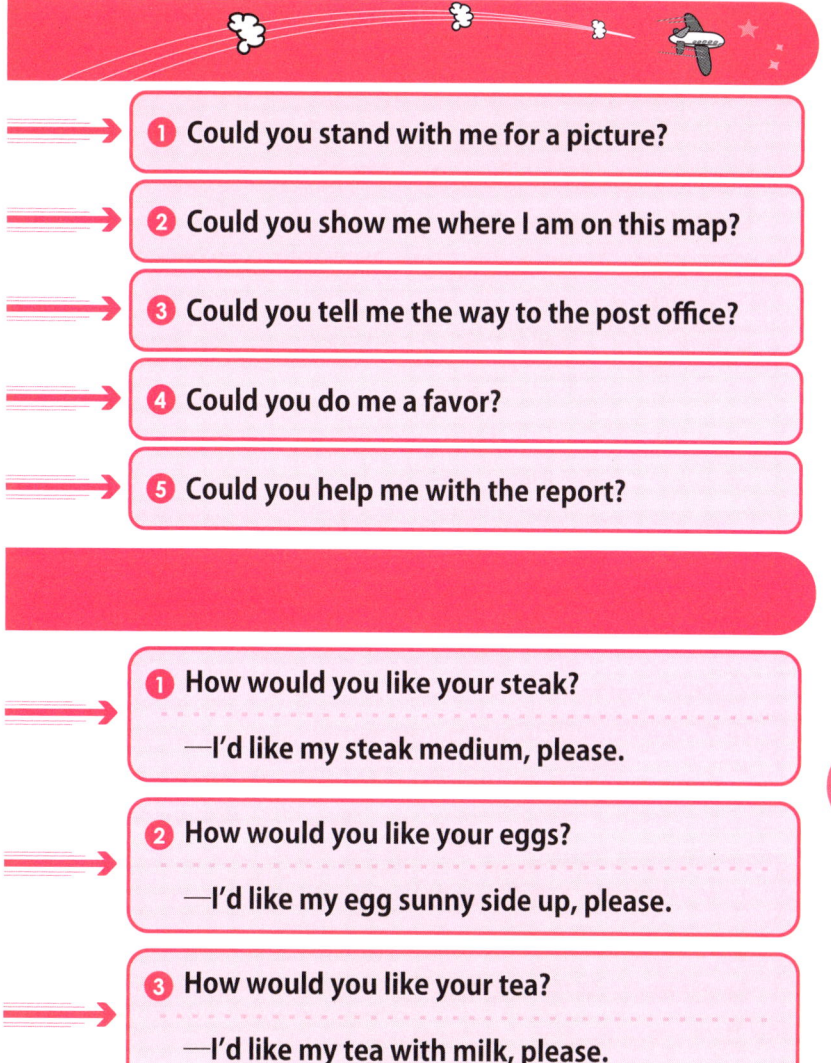

1. Could you stand with me for a picture?
2. Could you show me where I am on this map?
3. Could you tell me the way to the post office?
4. Could you do me a favor?
5. Could you help me with the report?

1. How would you like your steak?
   —I'd like my steak medium, please.
2. How would you like your eggs?
   —I'd like my egg sunny side up, please.
3. How would you like your tea?
   —I'd like my tea with milk, please.

STEP 3

1

- Would you like tea or coffee?
- Coffee, please.
- How would you like your coffee?
- With milk and sugar, please.

- 紅茶がいいですかコーヒーがいいですか。
- コーヒーをお願いします。
- コーヒーはどうしますか。
- ミルクと砂糖でお願いします。

2

- Shall I get you a drink?
- Yes, please.
- What kind of drink do you want?
- Can I get an iced-tea, please.

- 飲み物を持ってきましょうか。
- お願いします。
- どんな飲み物がいいですか。
- アイスティーはもらえますか。

③

- **Are you ready to order?**
- **Yes. We'd like today's special, please.**
- **Would you like something to drink?**
- **A beer for me and an orange juice for my wife, please.**

- ご注文の用意はよろしいですか。
- はい．今日のスペシャルをお願いします。
- 飲み物はいかがですか。
- 私にはビールを、妻にはオレンジジュースをお願いします。

④

- **Could I have some water, please?**
- **Certainly, sir. Still or fizzy?**
- **Fizzy, please.**

- 水をお願いできますか。
- かしこまりました。炭酸抜きですか、炭酸ですか。
- 炭酸でお願いします。

⑤

- 👨 English breakfast or continental?
- 👩 English breakfast, please?
- 👨 How would you like your eggs?
- 👩 I'd like scrambled, please.
- 👨 What would you like to drink?
- 👩 I'd like orange juice, please.
- 👨 Help yourself to the salad and bread on the table over there.

- 👨 イギリス式朝食ですか、大陸式の朝食ですか。
- 👩 イギリス式でお願いします。
- 👨 卵はどのようにしますか。
- 👩 炒り卵でお願いします。
- 👨 お飲み物は何にしますか。
- 👩 オレンジジュースをお願いします。
- 👨 向こうのテーブルにあるサラダとパンはご自由にどうぞ。

6

- **What shall we do next?**
- **Shall we drop by a café?**
- **That's a good idea.**
- **Do you know a nice café around here?**
- **No, I don't. There must be some near the station.**

- 次に何をしましょうか。
- カフェに寄りましょうか。
- それは良い考えです。
- この辺にいいカフェを知っていますか。
- いや知りませんが、きっと駅の近くにいくつかあるでしょう。

Lesson 11

STEP 1

現在完了形をマスターする

I have ＋ 〜（過去分詞）
私は〜したところです

1 I have just finished my homework.
たった今宿題を終えたところです。

2 I haven't taken a shower yet.
まだシャワーを浴びていません。

3 Have you already signed the contract?
もう契約書に署名しましたか。

4 Have you ever seen a UFO?
ＵＦＯを見たことがありますか。

5 How long have you been a fan of Hitoto Yo?
いつから一青窈さんのファンですか。

❶ I have just ～（過去分詞）
　たった今～したところです

「have +～過去分詞」を現在完了形と呼び、完了（今～したところだ）、結果（～してしまった）、経験（～したことがある）、継続（～してきた）の４つの意味を表すことができます。主語が３人称・単数の場合はhas +～過去分詞です。

❷ I haven't ～（過去分詞）yet
　私はまだ～していません

現在完了形の否定文は have の直後に not を置くだけでＯＫです。ただし、現在完了形の経験の用法の否定文は have(has) の直後に not の代わりに never を置きます。

❸ Have you already ～（過去分詞）？
　もう～しましたか？

現在完了形の疑問文は have や has を文頭に出し、最後に？を付けるだけです。

❹ Have you ever ～（過去分詞）？
　今までに～したことがありますか

Have you ever ～過去分詞？の形で、過去から現在までの経験の有無を問う疑問文です。答える時は、Yes, I have. とか No, I haven't. などと答えるだけでなく、何らかの付加情報を相手に与えるのが一般的です。「一度も～したことがない」なら I have never ～（過去分詞）です。

❺ How long have you ～（過去分詞）？
　どれぐらい～していますか

現在に至った状態がいつから始まったものであるかを尋ねる疑問文です。

STEP 2 次の日本語を英訳しよう

part 1　I have ～（過去分詞）
～してしまった

1. 今郵便局に行ってきたところです。

2. バスに傘を忘れてしまった。

3. パスポートをなくしてしまった。

4. もう宿題をやりました。

5. 社員食堂でお昼御飯を今食べてしまいました。

part 2　I haven't ～（過去分詞）yet.
まだ～していません

1. まだレポートを終えていません。

2. まだ歯を磨いていません。

3. まだ今日の新聞を読んでいません。

4. まだ今日の天気予報を見ていません。

5. まだ料金を払っていません。

1. I have just been to the post office.
2. I have left my umbrella on the bus.
3. I have lost my passport.
4. I have already done my homework.
5. I have just eaten my lunch in the cafeteria.

1. I haven't finished my report yet.
2. I haven't brushed my teeth yet.
3. I haven't read today's newspaper yet.
4. I haven't watched today's forecast yet.
5. I haven't paid the bill yet.

part 3 Have you already ～ (過去分詞) ?
もう～しましたか

1. もう書き終えましたか。
2. もう宿題を終わらせましたか。
3. もうメールをチェックしましたか。
4. もう全部お金を使ってしまいましたか。
5. もう部屋の予約をしましたか。

part 4 I have never ～ (過去分詞)
1度も～したことがない

1. 富士山に一度も登ったことがない。
2. アメリカに一度も行ったことがない。
3. UFOを一度も見たことがない。
4. 海外旅行を一度もしたことがない。
5. 妻と一度もけんかしたことがない。

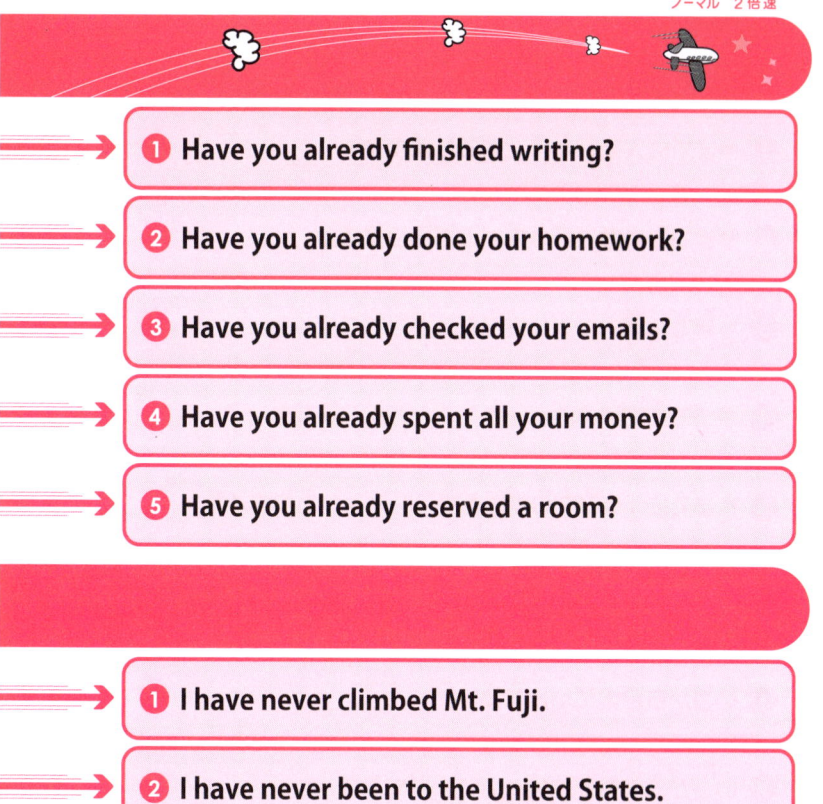

1. Have you already finished writing?
2. Have you already done your homework?
3. Have you already checked your emails?
4. Have you already spent all your money?
5. Have you already reserved a room?

1. I have never climbed Mt. Fuji.
2. I have never been to the United States.
3. I have never seen a UFO.
4. I have never traveled abroad.
5. I have never had a quarrel with my wife.

part 5 Have you ever 〜（過去分詞）?
今までに〜したことがありますか

1. 今までに入院したことがありますか。
2. 今までに外国に行ったことがありますか。
3. 今までにアホウドリを見たことがありますか。
4. 今までに交通事故にあったことがありますか。
5. 今までに TOEIC の試験を受けたことがありますか。

part 6 How long have you 〜（過去分詞）?
どれくらい〜していますか

1. いつから日本にいますか。
2. いつから春日部に住んでいますか。
3. いつからこのホテルに泊まっていますか。
4. 結婚してからどれくらいになりますか。
5. いつからダイエットしていますか。

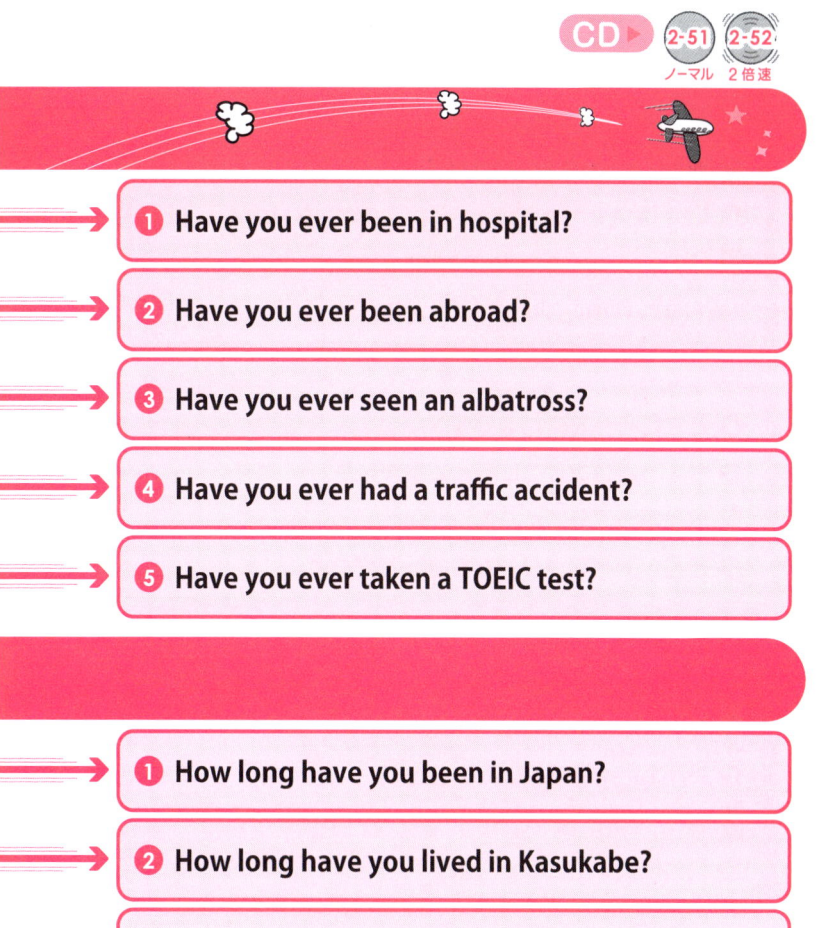

① Have you ever been in hospital?

② Have you ever been abroad?

③ Have you ever seen an albatross?

④ Have you ever had a traffic accident?

⑤ Have you ever taken a TOEIC test?

① How long have you been in Japan?

② How long have you lived in Kasukabe?

③ How long have you stayed in this hotel?

④ How long have you been married?

⑤ How long have you been on a diet?

STEP 3

1

- **Where have you been?**
- I've just been to the convenience store.
- **Did you get anything for me?**
- Yeah. I got you an ice cream.

- **どこに行って来たのですか。**
- ちょっとコンビニに行って来ました。
- **何か買って来てくれましたか。**
- うん、アイスクリームを買って来たよ。

2

- **How long have been here in Japan?**
- I've been here for nearly two months.
- **When are you going back to America?**
- I haven't decided yet.

- **日本に来てどれくらい経ちますか。**
- かれこれ2ヶ月になります。
- **アメリカにはいつ帰りますか。**
- まだ決めていません。

③

F Have you ever been abroad?
M Yes. I have been to Australia three times.
F When did you go there last?
M I went there two years ago.

F 今までに外国に行ったことがありますか。
M はい、オーストラリアに3回行ったことがあります。
F 最後に行ったのはいつですか。
M 2年前に行きました。

④

- **Have you ever been to a foreign country?**
- No. I never have. Which country do you recommend?
- **How about Korea? Prices are very low and it's very near.**
- I see, but I hate spicy food.

- 今までに外国に行ったことがありますか。
- いいえ、一度もありません。どこの国がお勧めですか。
- 韓国はどうですか。物価も安いし、とても近いし。
- なるほど、でも辛い食べ物は嫌いです。

⑤

- 🅼 Have you already eaten lunch?
- 🅵 No, not yet.
- 🅼 Do you want to go out to lunch with me?
- 🅵 Yes, I'd love to. Where shall we go?
- 🅼 How about the Italian restaurant in front of the station?
- 🅵 Sounds great.

- 🅼 もう昼食を食べましたか。
- 🅵 いいえ、まだです。
- 🅼 一緒に外に食べに行かない？
- 🅵 ええ、いいわよ。どこに行きましょうか。
- 🅼 駅前のイタリアンはどう？
- 🅵 いいわね。

Lesson 12

STEP 1

不定詞をマスターする

I want to ～(動詞の原形)
私は～したいです

CD ▶ 2-55 ノーマル　2-56 2倍速

① I want to go to see a movie in Shinjuku.
新宿に映画を観に行きたい。

② I'd like to check out.
チェックアウトしたいのですが。

③ It is nice to meet you.
お会いできて光栄です。

④ Can you tell me how to cook this?
この料理の方法を教えてくれますか。

⑤ I'm going to the Philippines to meet a friend of mine.
友達に会いにフィリピンに行きます。

❶ I want to ～（動詞の原形）　私は～したい
動詞 want は自己の直接的な願望を表す語なので、I want to ～は、親しい間柄同士で使います。

❷ I'd like to ～（動詞の原形）　～したいのですが
I want to ～（動詞の原形）（～したい）の改まった丁寧な表現が I'd like to ～（動詞の原形）で、「もしできれば～したいのですが」という気持ちが込められています。

❸ It is …（形容詞）to ～（動詞の原形）
　　～するのは…です
「～することは…です」をそのまま英語で表せば、To ～（動詞の原形）is …（形容詞）の形になりますが、英語は主語が長く述語の部分が短くなることを嫌う傾向が強いので、仮主語の it を使った形で表します。
To meet you is nice. → It is nice to meet you.

❹ 疑問詞＋to（動詞の原形）
how to ～（動詞の原形）「～の仕方」で how 以外の疑問詞に、to 不定詞が続く用法で、what to ～なら「何を～したらいいか」、which … to ～なら「どの…を～したらいいか」、where to ～なら「どこに～したらいいか」、when to ～なら「いつ～したらいいか」の意味になります。

❺ I'm going to…to ～（動詞の原形）
　　～するために…に行きます
to 不定詞には「～するために」という目的を表す用法がありますが、この場合、結果を表すものと考え、「フィリピンに行って友達に会います」と訳してもかまいません。目的であることをハッキリさせる時は in order to meet a friend of mine（友だちに会うために）とします。

STEP 2 次の日本語を英訳しよう

part 1 I want to 〜 （動詞の原形）
〜したい

① ランチに中華が食べたい。

② できるだけ早くあなたと結婚したい。

③ あんなマンションに住んでみたい。

④ 彼女のようにほっそりしたい。

⑤ 今年の夏にハワイに旅行したい。

part 2 I don't want to 〜 （動詞の原形）
〜したくない

① 私はこれ以上太りたくない。

② 私はセイコと別れたくない。

③ 私は別荘を手放したくない。

④ 雨の中外出したくない。

⑤ 今夜は料理をしたくない。

1. I want to eat Chinese for lunch.
2. I want to marry you as soon as possible.
3. I want to live in a condo like that.
4. I want to get slim like her.
5. I want to take a trip to Hawaii this summer.

1. I don't want to get any fatter.
2. I don't want to break up with Seiko.
3. I don't want to part with my second house.
4. I don't want to go out in the rain.
5. I don't want to do the cooking tonight.

part 3 I'd like to 〜（動詞の原形）
〜したいのですが

1. 今夜7時に3人予約したいのですが。
2. デザートにチョコレートアイスクリームをお願いしたいのですが。
3. この手紙を航空便で日本へ送りたいのですが。
4. このトラベラーズチェックを換金したいのですが。
5. もう1晩泊まりたいのですが。

part 4 It's…（形容詞）to 〜（動詞の原形）
〜することは…です

1. またお会いできてうれしいです。
2. 禁煙をするのは簡単ではありません。
3. 夜更かしするのは健康に悪いです。
4. 夜に一人歩きするのは危険です。
5. 毎日英語を勉強するのは大切です。

1. I'd like to reserve a table for three at seven tonight.
2. I'd like to have chocolate ice cream for dessert.
3. I'd like to send this letter to Japan by airmail.
4. I'd like to cash this traveler's check.
5. I'd like to stay one more night.

1. It's nice to see you again.
2. It's not easy to give up smoking.
3. It's bad for the health to stay up late.
4. It's dangerous to walk alone at night.
5. It's important to study English every day.

part 5 疑問詞 + to ~ (動詞の原形)

1. この単語の発音の仕方を教えてくれますか。
2. 妻に何を買ったらいいのか決められません。
3. パーティーにどっちの服を着ていったらいいのか決められません。
4. どこに車を停めたらいいのか教えてくれますか。
5. いつ降りたらいいか教えてくれますか。

part 6 I'm going to… to ~ (動詞の原形)
~するために…に行きます

1. 芸術を勉強しにパリに行きます。
2. 建築術を勉強しにドイツに行きます。
3. コアラを見にオーストラリアに行きます。
4. スキーをしにスイスに行きます。
5. 野生の動物を見にアフリカに行きます。

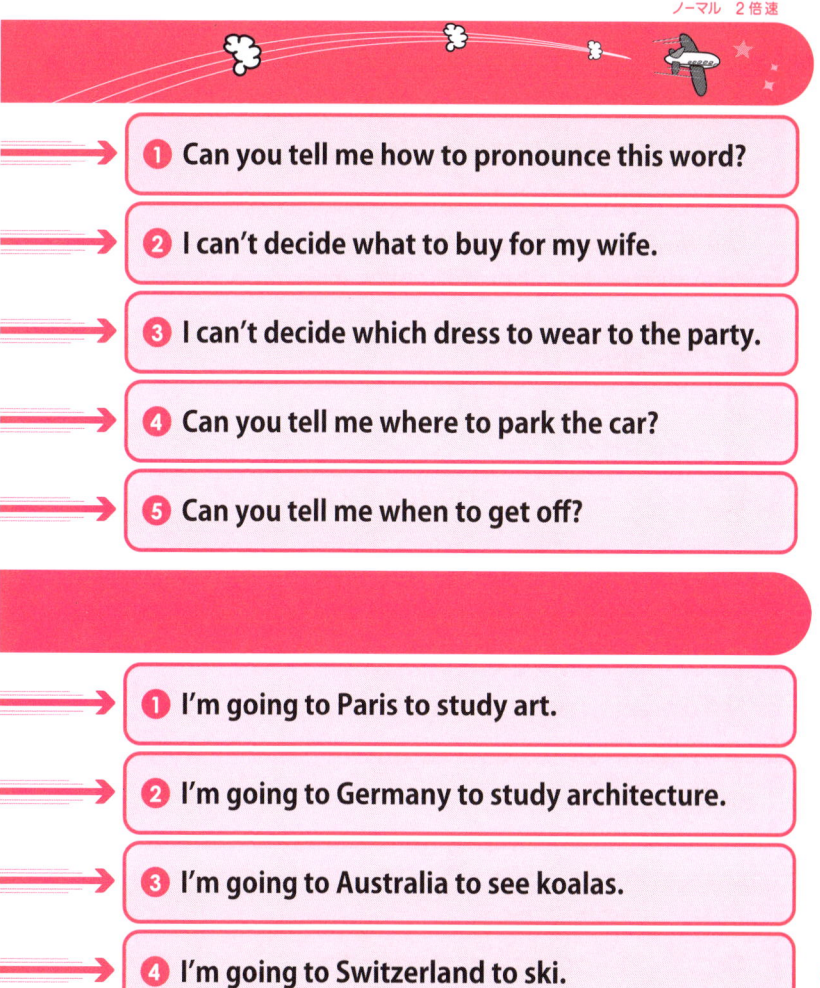

1. Can you tell me how to pronounce this word?
2. I can't decide what to buy for my wife.
3. I can't decide which dress to wear to the party.
4. Can you tell me where to park the car?
5. Can you tell me when to get off?

1. I'm going to Paris to study art.
2. I'm going to Germany to study architecture.
3. I'm going to Australia to see koalas.
4. I'm going to Switzerland to ski.
5. I'm going to Africa to see wild animals.

STEP 3

①

- 🄵 What do you want to eat for dinner?
- Ⓜ I want to eat curry and rice.
- 🄵 What about dessert?
- Ⓜ I want to eat chocolate ice cream.

- 🄵 夕食に何が食べたい？
- Ⓜ カレーライスが食べたい。
- 🄵 デザートは？
- Ⓜ チョコレートアイスクリームが食べたい。

②

- Ⓜ What is the purpose of your visit?
- 🄵 To meet a friend of mine in New York.
- Ⓜ Where are you going to stay?
- 🄵 At my friend's house.

- Ⓜ 訪問の目的は何ですか。
- 🄵 ニューヨークの友だちに会うためです。
- Ⓜ どこに滞在予定ですか。
- 🄵 友だちの家です。

③

F: Can you tell me how to get slim?

M: Well, the best way is to eat as little as you can.

F: It's easier said than done.

M: Then what about going on an apple diet?

F: 痩せ方を教えてくれますか。

M: そうですね、一番の方法はできるだけ食べないことです。

F: 言うは安く行うは難しですね。

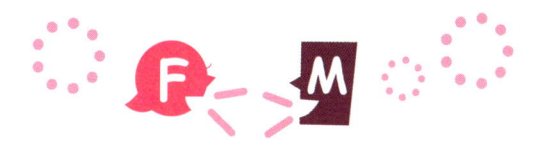

M: じゃあ、リンゴダイエットしてみませんか。

4

- What is your dream for the future?
- My dream for the future is to own a second house in Switzerland. How about you?
- Well, I want to marry a girl like Hitoto Yo.

- 将来の夢は何ですか。
- 将来の夢はスイスに別荘を持つことです。あなたは？
- そうですね、一青窈さんのような女性と結婚したいです。

5

- Which country would you like to visit?
- I'd like to visit Mexico.
- Why Mexico?
- Because I have a lot of friends there.

- どこの国を訪れたいですか。
- メキシコを訪れたいです。
- 何でメキシコですか。
- 友だちがたくさんいるからです。

6

F: What do you want to be when you grow up?
M: I want to be a professional soccer player.
F: How long have you been playing soccer?
M: More than ten years.

F: 大人になったら何になりたいですか。
M: プロのサッカー選手になりたいです。
F: サッカーはどれくらいしていますか。
M: 10年以上になります。

Lesson 13

STEP 1

動名詞をマスターする

My hobby is 〜ing
私の趣味は〜です

1 My hobby is skiing and surfing.
私の趣味はスキーとサーフィンです。

2 I am fond of listening to classical music.
私はクラシック音楽を聴くのが好きです。

3 Thank you for helping me with my homework.
宿題を手伝ってくれてありがとう。

4 I'm thinking of getting a haircut.
髪を切ろうかどうか考えています。

5 How about going bowling after work?
アフターファイブにボーリングに行くのはどうですか。

❶ My hobby is ～ing　　私の趣味は～することです
動詞に ing を付けて、「～すること」という意味を持たせたものを動名詞と言います。

❷ I am fond of ～ing　　～することが好きです
動名詞は、of, at, to, for などの前置詞の直後でも使うことができます。

❸ Thank you for ～ing　　～してくれてありがとう
前置詞 for と動名詞を使った会話必須の表現です。

❹ I'm thinking of ～ing
　　～しようかと思っています
前置詞 of と動名詞を使った会話必須の表現です。この表現は、するかしないかまだ迷っている時に使いますから、I'm going to ～とは区別して使ってください。

❺ How about ～ing?　　～するのはどうですか
How about some coffee?（コーヒーはいかがですか）のように、how about ～は相手に物を勧めたり、都合や予定を尋ねる時に使う便利な表現です。～の部分に、動詞の～ ing を続けると、「～するのはどうですか」という勧誘や提案の意味になります。

STEP 2 次の日本語を英訳しよう

part 1 My hobby is ～ing
私の趣味は～することです

1. 私の趣味は絵を描くことです。

2. 私の趣味は古いカメラを集めることです。

3. 私の趣味はプラモデルを作ることです。

4. 私の趣味は庭で野菜を栽培することです。

5. 私の趣味は庭で花を植えることです。

part 2 …形容詞（副詞）＋前置詞＋～ing
～することを…

1. テレビで映画を観ることが好きです。

2. 学校に遅刻するのでは。

3. チームの一員であることを誇りに思っています。

4. 中国語を話すのが得意です。

5. また会えることを楽しみにしています。

196

1. My hobby is painting pictures.
2. My hobby is collecting old cameras.
3. My hobby is making model planes.
4. My hobby is growing vegetables in the garden.
5. My hobby is planting flowers in the garden.

1. I'm fond of watching movies on TV.
2. I'm afraid of being late for school.
3. I'm proud of being a member of the team.
4. I'm good at speaking Chinese.
5. I'm looking forward to seeing you again.

part 3 Thank you for ~ ing
〜してくれてありがとう

1. はるばる来てくれてありがとう。
2. パーティーに招待してくれてありがとう。
3. 夕食をご馳走してくれてありがとう。
4. 見送りに来てくれてありがとう。
5. カメラを貸してくれてありがとう。

part 4 I'm thinking of ~ ing
〜しようかと思っています

1. 映画に行こうかと思っています。
2. アルバイトしようかと思っています。
3. 彼女と別れようかと思っています。
4. 会社を興そうかと思っています。
5. 新しいアパートに引っ越そうかと思っています。

1. Thank you for coming all the way.
2. Thank you for inviting me to the party.
3. Thank you for treating me to dinner.
4. Thank you for seeing me off.
5. Thank you for lending me your camera.

1. I'm thinking of going to the movies.
2. I'm thinking of working part-time.
3. I'm thinking of breaking up with her.
4. I'm thinking of starting a business.
5. I'm thinking of moving to a new apartment.

part 5 How about ～ing?
～するのはどうですか

1. アフターファイブに一杯どうですか。
2. お昼にイタリア料理はどうですか。
3. 今晩外食するのはどうですか。
4. 浜辺にドライブに行くのはどうですか。
5. 公園でお弁当を食べるのはどうですか。

1. How about having a drink after work?
2. How about eating Italian for lunch?
3. How about eating out tonight?
4. How about going for a drive to the beach?
5. How about having a picnic in the park?

STEP 3

①

- 🇫 **What do you do for relaxation?**
- Ⓜ **I like taking trips abroad.**
- 🇫 **What country are you going to visit this summer?**
- Ⓜ **Well, I'm thinking of going to Norway.**

- 🇫 気晴らしに何をしますか。
- Ⓜ 海外旅行に行くのが好きです。
- 🇫 この夏はどこの国に行く予定ですか。
- Ⓜ そうですね、ノルウェーに行こうかなと思っています。

②

- 🇫 I don't feel like cooking dinner tonight. Is it OK if we eat out?
- 🇲 Why not? How about eating Italian food?
- 🇫 Well, I'm not in the mood for Italian. I want to eat sushi.
- 🇲 Then, let's go to a revolving sushi bar.

- 🇫 今夜は料理したくないから外食でもいい？
- 🇲 いいよ．イタリアンはどうだい？
- 🇫 そうね、イタリアンの気分じゃないわ。寿司が食べたいわ。
- 🇲 じゃあ、回転寿司に行こう。

③

F Thank you very much for seeing me off at the airport.

M Don't mention it. Next time you come to Japan, you must visit us.

F I definitely will. I'll write to you after I go back to Canada.

M I'm looking forward to hearing from you.

F 空港まで見送りに来てくれてありがとうございます。

M どういたしまして。次に日本に来たら私たちの家に来てくださいね。

F 絶対そうします。カナダに戻ったら手紙を書きます。

M 便りを楽しみにしています。

4

- 🇫 **When did you stop smoking?**
- 🇲 **About five months ago.**
- 🇫 **Do you sometimes feel like smoking?**
- 🇲 **No. I even hate seeing someone smoking.**

- 🇫 いつ禁煙しましたか。
- 🇲 5ヶ月くらい前に。
- 🇫 時々タバコを吸いたくなりますか。
- 🇲 いいえ、人がタバコを吸っているのを見るのも嫌です。

5

- 🇲 **It was nice meeting you, Jane.**
- 🇫 **It was nice meeting you, too, Bill.**
- 🇲 **I'm looking forward to seeing you soon.**
- 🇫 **Me too. Keep in touch.**

- 🇲 会えて良かった、ジェーン。
- 🇫 こちらこそ、ビル。
- 🇲 すぐに会えることを楽しみにしているね。
- 🇫 私もです。連絡してね。

■監修者紹介

ウィリアム・J・カリー（William Joseph Currie）

米国フィラデルフィア生まれ。1953年イエズス会士となる。ミシガン大学で比較文学博士号を取得。1960年に来日し、神奈川県の栄光学園講師、上智大学文学部英文学科準教授、同外国学部比較文化学科教授を経て、上智大学学長を2期・6年務める。

■著者紹介

清水建二（しみず・けんじ）

東京都浅草生まれ。上智大学文学部英文学科を卒業後、大手予備校講師、ガイド通訳士、進学の名門・浦和高等学校教諭、川口高等学校教諭などを経て、現在は埼玉県立草加高等学校教諭。基礎から上級まで、わかりやすくユニークな教え方には定評がある。著書はベストセラー『英会話「1秒」レッスン』シリーズ（成美文庫）、『(新編集)語源とイラストで一気に覚える英単語』（成美堂出版）、『連想式にみるみる身につく語源で英単語（増補改訂版）』（Gakken）、『「私」を語れば、英語は話せる。』（総合法令出版）など60冊以上。『似ている英単語使い分けBOOK』（ベレ出版）は台湾・香港・韓国で翻訳出版され、特に韓国では語学書のロングセラーとなっている。趣味は海外旅行・食べ歩き・ジョギング・一青窈。

CD制作協力：キャプラン株式会社 JALアカデミー本部
CDナレーション：チャールズ・トロイ（Charles Troy）、ジル・ガーデン（Jill Gerden）

視覚障害その他の理由で活字のままでこの本を利用出来ない人のために、営利を目的とする場合を除き「録音図書」「点字図書」「拡大図書」等の製作をすることを認めます。その際は著作権者、または、出版社までご連絡ください。

読むだけ！ 聴くだけ！
世界一速く英語脳に変わる本

2010年10月5日　初版発行
2016年4月8日　9刷発行

監　修　ウィリアム・J・カリー
著　者　清水建二
発行者　野村直克
発行所　総合法令出版株式会社
　　　　〒103-0001　東京都中央区日本橋小伝馬町 15-18
　　　　ユニゾ小伝馬町ビル9階
　　　　電話 03-5623-5121

印刷・製本　中央精版印刷株式会社

落丁・乱丁本はお取替えいたします。
©Kenji Shimizu 2010 Printed in Japan
ISBN 978-4-86280-226-2

総合法令出版ホームページ　http://www.horei.com/